Inhaltsverzeichnis

Vorwort

Eine unglaubliche Geschichte

Auf einer meiner Reisen durch Kanada traf ich tief in der Wildnis einen alten Mann, mit ebenso alter, aber gut an die Bedingungen angepasster Ausrüstung. Seinem Boot sah man an, dass es viele Jahre und Kilometer auf dem Buckel hatte. Das Paddel war mehrfach repariert worden und auch seine Kleidung schien aus einer anderen Zeit zu stammen. Auf die – zugegebenermaßen etwas dumme – Frage hin, ob er schon lange paddle, schaute er mich etwas entrückt an und behauptete er würde gar nicht paddeln. Verdutzt versuchte mein Verstand die Dinge zu ordnen und ich hörte mich sagen: „lebst Du vielleicht hier am Fluss?" Auch jetzt schüttelte er wieder den Kopf und schien über meine Fragen in eine Art Trancezustand zu verfallen. Nach einer sehr langen Pause antwortete er mir mit einem nachdenklichen Gesichtsausdruck: „Meine Eltern haben mich zum Spielen an den Fluss geschickt und vor lauter Begeisterung habe ich wohl die Zeit vergessen ..."

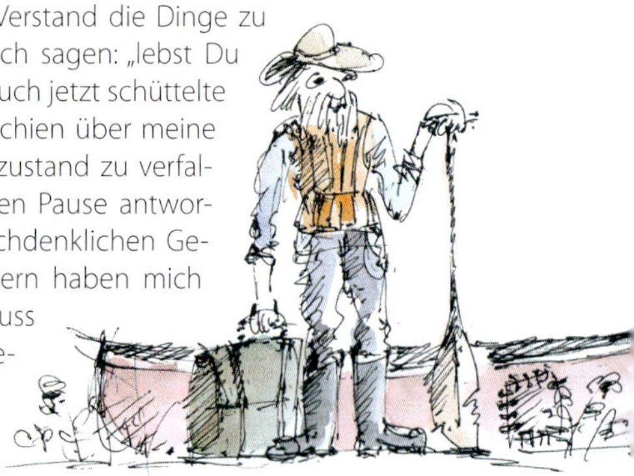

Einleitung

Spielen ist ein Urtrieb der uns hilft, mit unserer Umwelt in Kontakt zu treten. Spielen ist Training und Üben für das Leben. Spielen ist Selbstzweck.
Spiele können überall eingesetzt werden. Wir kennen keine Situation, Altersgruppe oder Unterrichtseinheit, wo es unpassend gewesen wäre, ein Spiel oder auch mehrere einzubringen.
So wie Kinder Lebenssituationen von Erwachsenen im Spiel abbilden, ist es auch möglich Situationen aus Arbeits- oder Lebensprozessen in Spielen darzustellen. Somit werden Spiele zum Spiegel des Handelns von Einzelpersonen oder Gruppen.

Spielt, wo immer Ihr Spaß habt! Uns fallen spontan folgende Anlässe ein:

- Aus purer Freude
- Soziales Lernen
- Kennenlernen
- Kommunikationstraining
- Aufwärmen
- Bewegungslernen
- Erfahrungen sammeln
- Überbrücken von langweiligen Paddelstrecken
- Simulieren von Wildwassersituationen
- Thema einer Unterrichtsstunde vor- oder nachbereiten
- Konditionsschulung
- Naturerfahrung

Friedrich Schiller hat das mit seinen Worten so ausgedrückt:

„Denn,
um es endlich einmal herauszusagen,
der Mensch spielt nur,
wo er in voller Bedeutung des Wortes
Mensch ist,
und er ist nur da ganz Mensch,
wo er spielt"

Mit Hilfe Deiner eigenen Fantasie lassen sich noch unzählige neue Spielideen entwickeln. Lass Dich anregen, sei kreativ und lach` auch über Dich, selbst wenn mal was schiefgeht.

Wir wünschen Dir viel Spaß beim Lesen und vor allem beim Ausprobieren.
Dieter und Klaus

Methodisches Vorgehen – auch im Spiel

1. Vom Einfachen zum Zusammengesetzten...

... bedeutet, dass einem komplexen Spiel, wie z.B. einem Mannschaftsspiel mit taktischen Varianten, einfache Spielformen, wie z.B. „Schwarzer Mann", vorangestellt werden. Hier werden dann Teilaspekte des Mannschaftsspiels „erprobt", was hinterher ein komplexeres Spiel zulässt.

2. Vom Bekannten zum Unbekannten...

... bedeutet, dass Spielformen oder Spielgedanken, wie z.B. das klassische Fangspiel aufgegriffen werden und später eine neue, aber in diese Richtung gehende Spielform, wie z.B. das „Andocken", eingeführt wird.

3. Vom Leichten zum Schwierigen...

... bedeutet, dass z.B. bei einem Staffelspiel mit Transport von Gegenständen diese zuerst noch auf der Spritzdecke und später nur noch mit dem Paddel transportiert werden dürfen.

Hinweis zum Alter der Spieler

Selbstständiges Kanufahren beginnt ab einem Alter von etwa 8 Jahren. Je jünger die Spieler sind, desto „spieldurstiger" werden sie sein. Dort wo wir glauben, dass darüber hinaus ein Mehr an geistiger und / oder körperlicher Reife erforderlich ist, haben wir eine Altersangabe gemacht. Sie dient der groben Orientierung und ist Hinweis auf die Art der Anforderung die in einem Spiel steckt. „Erwachsene" Spieler hingegen brauchen immer mal wieder die Aufforderung das „Kind im Manne / Frau" rauszulassen.

Wettkampfspiele versus New Games

Beide Begriffe stehen für eine Idee bzw. eine pädagogische Richtung und haben ihre Berechtigung.

Mit dem Begriff Wettkampfspiel ist verbunden:
Sieger und Verlierer, Leistung, Gegenspieler, Vergleich usw.

Mit dem Begriff New Games ist verbunden:
Der Weg ist das Ziel, Gemeinsam sind wir stark, Miteinander, alle sind Gewinner usw.

Immer dort, wo ein Ausscheiden oder ein Konkurrenzdenken nicht erwünscht ist, sollte auf Wettkampfspiele verzichtet werden.
Also in den Bereichen:
- Aufwärmen und Dehnen
- Aufwärmen im sozialen Sinn
- Integration von Personen oder Ideen
- Erlernen von Bewegungen
- Gemeinsamer Spass

Der Wettkampfgedanke ist sinnvoll um:
- Dem Trieb des Menschen nachzukommen (wirf einen Ball in eine Gruppe von Jugendlichen irgendwo auf dieser Welt und du wirst verstehen, was wir meinen)
- Regelverständnis erlebbar zu machen
- Emotionen zu erleben
- Konkurrenzsituationen darzustellen
- Kondition zu schulen

Der Spielleiter

Ein Spielleiter initiiert Spiele, passt sie den Teilnehmern an, kennt ihre Chancen, Möglichkeiten und Risiken und setzt die Spiele situations- und adressatengerecht ein.
Wer bisher selten oder noch nie Spiele angeleitet hat, braucht trotzdem keine Angst zu haben. Genauso wichtig wie alle spielpädagogischen Überlegungen, ist die Einstellung des Leiters zu den Spielen. Ein Spielleiter, der selbst begeisterter Spieler ist, wirkt echt und nicht aufgesetzt oder gar „pädagogisch" und kann die Teilnehmer so leicht begeistern.
Begeisterung ist die Voraussetzung für eine gelungene Spielleitung. Wer im Verlauf einer Spielsequenz Chaos und Frustration vermeiden will, sollte sich über folgende Punkte Gedanken machen.

Vorüberlegungen für den Spielleiter

Ich
Kann und will ich dieses Spiel authentisch anleiten? Hätte ich selbst – als Spieler – Spaß daran? Habe ich die folgenden Punkte gecheckt und befriedigend beantwortet?

Gruppe
Ist die Gruppe (Alter, Können, Stimmung, Größe, Zusammensetzung usw.) in der Lage, das Spiel mit Spaß zu spielen?

Ort
Passt Wetter, Wassertemperatur und Übersichtlichkeit des Geländes zum Spielgedanken und zum Können der Spieler?

Zeit
Wie viel Zeit muss ich für Vorbereitung und Durchführung der Spielsequenz einplanen?

Ziele und Inhalte
Welche Ziele und Inhalte verfolge ich mit dem Spiel? Ist mir das, was ich damit erreichen will, klar?

Materialien
Welche Materialien brauche ich? Was hilft mir den Spielgedanken bestmöglichst umzusetzen? Habe ich diese griffbereit, wenn ich sie brauche?

Regeln
Sind die Regeln und Rahmenbedingungen klar definiert und entsprechen sie meiner Zielgruppe?

Sind die Regeln im Vorfeld so abgeändert, dass sie zur Gruppe und Situation passen?

Sicherheit
Kann ich gewährleisten, dass die Spieler weder physisch noch psychisch zu Schaden kommen?

Verknüpfung mit anderen Aktivitäten
Nimmt die Spielsequenz Bezug auf bereits vorhandene oder noch folgende Inhalte? Ist das Spiel eingebettet in den Gesamtablauf?

Reflexion, Transfer, Ergebnissicherung
Gab es Ziele die Du mit dem Spiel verfolgt hast und die es nötig machen, noch mal einen Blick darauf zu werfen? Dann nimm Dir die Zeit!

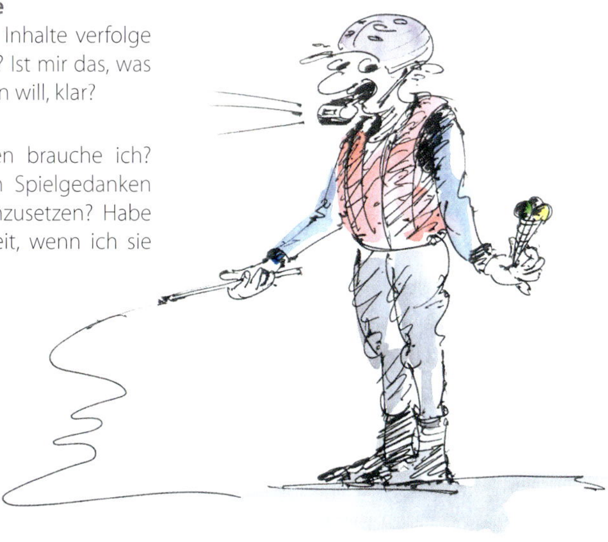

Spiele (um)gestalten

Alle Spiele sind mit bestimmten Zielen und Regeln versehen. Wir haben diese Spiele so auch erprobt und gespielt. Viele sind daraus entstanden, dass wir Spielideen aus fachfremden Gebieten wie Turnen, Schwimmen oder den guten alten Schulsportspielen aufgegriffen haben und sie für das Medium Kanu abänderten.
Spiele sind nicht gleichermaßen für jede Zielgruppe oder Zielsetzung geeignet. Gerade bei komplexeren Spielaufgaben oder gar bei Interaktionsspielen musst Du sehr genau nach folgenden Kriterien differenzieren:

- Besteht ein Entwicklungs- oder Altersunterschied?
- Aus welcher sozialen Schicht kommen die Spieler?
- Welche Ziele verfolgen ich und die Spieler?
- Kennen sich die Spieler untereinander?
- Welche Vertrauensbasis besteht unter den Spielern?
- Besteht bereits Spielerfahrung?

Wenn unsere Spielidee nicht für Deine Zielsetzung passt, dann „klaue“ sie und ändere die Bedingungen, bis sie für Dich und Deine Gruppe stimmen.

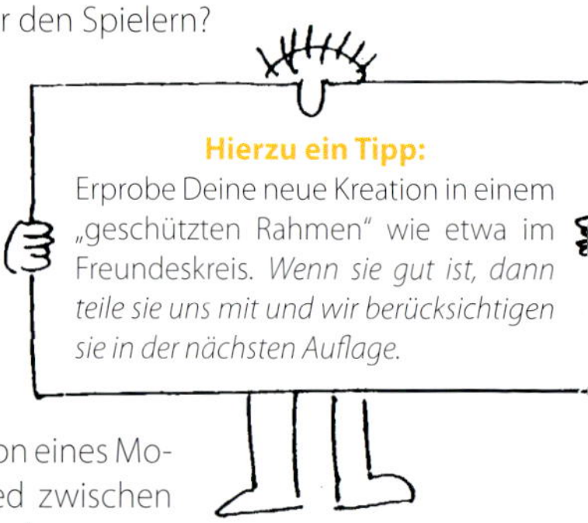

Moderation von Spielen

Jeder Spielleiter übernimmt die Funktion eines Moderators. Er ist somit Verbindungsglied zwischen dem Spiel (Inhalte / Ziel) und den Teilnehmern.
Ein Spiel kann auf verschiedene Arten moderiert werden. Dies hat eine unmittelbare Auswirkung auf den Spielverlauf oder sogar auf das Gelingen des Spiels. Der Spielleiter kann „pushen“ oder „dämpfen“ – je nachdem wie er die Gruppe einschätzt, er kann Einzelnen herausragende Rollen zuweisen oder sie in den Hintergrund stellen, er kann das Spiel in eine Abenteuergeschichte „verpacken“ oder die Regeln nüchtern erklären, er kann nur schriftliche Anweisungen geben, . . . Deiner Kreativität sind keine Grenzen gesetzt. Probier es aus, variiere die Art Deiner Moderation und beobachte was passiert.
Deine Schwächen und Stärken als Moderator werden sich im Spiel wiederfinden. Somit wird ein Spiel auch zum Spiegel Deiner Moderation, was sehr spannend sein kann.
Der Moderator hat die Fäden in der Hand. Du musst zu jeder Zeit Herr der Lage sein und den nächsten Schritt vorhersehen oder einleiten können. Nur dann findet das Spiel in einem sicheren Rahmen statt.

Hilfen für eine gute Moderation

Authentisch sein
Mime nicht den großen Entertainer (Witzbold . . .), wenn Du es nicht bist.

Freiwilligkeit
Zwinge keinen Spieler in eine Position, in der er nicht sein möchte. Oft ergibt sich die Lust beim Zuschauen.

Kooperation / Flexibilität
Halte Kontakt zu den Spielern und zum Spielverlauf und reagiere flexibel auf Störungen oder Einwände.

Testlauf
Moderiere vor Deinem geistigen Auge den Gesamtablauf durch. Wenn es irgendwo hakt, dann schau noch mal genauer hin.

Gute Vorbereitung
Eine gute Vorbereitung gibt Dir Sicherheit und Souveränität im Auftreten und in der Durchführung.

Klarheit
Erzähle nicht mehr aber auch nicht weniger als nötig. Vier Dinge gleichzeitig sind meist eines zu viel!

Rückfragen
Gib den Spielern die Möglichkeit nachzufragen, um Unklarheiten zu beseitigen. Stelle sicher, dass Dich jeder verstanden hat.

Lösungen
Geht es für die Teilnehmer darum, einen Lösungsansatz zu finden, dann könnt Ihr die Gruppe mit Einwänden wie: „Mir fällt auf, dass . . ." oder „Ich stelle fest, dass . . ." unterstützen. Durch Vorwegnehmen der Lösung würdet Ihr der Gruppe das Erfolgserlebnis nehmen.

Die eigene Freude zeigen
Wenn die Spieler das Gefühl haben der Moderator möchte selbst mitspielen, dann ist der Funke übergesprungen.

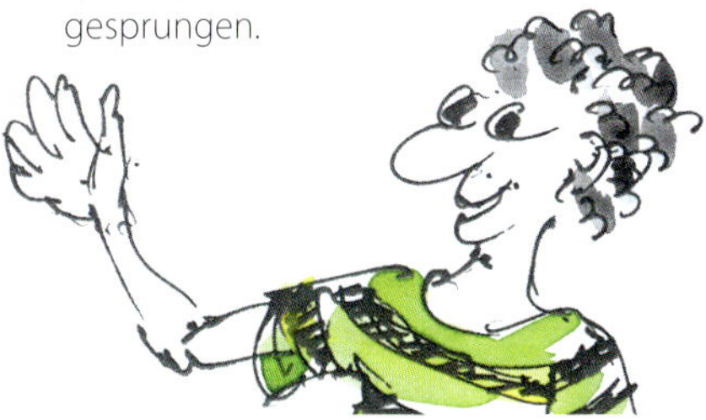

Spielregeln

Spiele unterliegen immer Regeln. Diese können formeller (Regelwerke oder Vereinbarungen) und / oder informeller (unausgesprochener Umgang miteinander) Natur sein. In jedem Fall sichern sie den Ablauf des Spiels und gewährleisen somit den Spielgedanken und den Spaß. Jeder Mitspieler weiß worauf er sich einlässt und kann den Verlauf des Spiels mitbestimmen.

Deshalb ist es für Dich als Spielleiter wichtig:

- Regeln aufzustellen und diese klar und verständlich zu kommunizieren.
- Regeln ernst zu nehmen und auf deren Einhaltung zu bestehen (kann auch mit lustigen Zusatzaufgaben geschehen).
- Regeländerungen nie ohne ersichtlichen Grund durchzuführen.
- Regeln flexibel halten, wenn es die Gruppe wünscht / die Situation erfordert.

Sicherheit

Kanuspiele mit dem Medium Wasser sind körperbetonte Handlungsfelder mit Eigendynamik. Die Sicherheit hat somit oberste Priorität. Sie ist Grundlage für Spaß und Erfolg – allerdings kann es nie eine 100-prozentige Garantie geben. Dies solltest Du den Spielern deutlich machen, um sie für das Thema zu sensibilisieren.
Es sprengt den Rahmen dieses Buches, eine ausführliche Sicherheitsanleitung für den Bereich Kanu zu geben. Deshalb beschränken wir uns auf Tipps und Hinweise, die unserer Erfahrungswelt entspringen und jederzeit hinterfragt werden können.

- Probiere alles was Du tust, vorher selbst aus. So lernst Du die Tücken und die Eigendynamik kennen und kannst besser planen.
- Dein persönliches Paddel- und Wasser-Know-how muss immer über dem der Teilnehmer liegen.
- Störungen in der Gruppe haben Vorrang vor dem Spielverlauf. Löse sie auf und Du wirst mehr Spaß und weniger Verletzungen haben.
- Stelle sicher, dass sich kein Zuschauer in den Verlauf des Spiels einmischt.
- Wähle die Aktivitäten den Wetter- und Wasserverhältnissen entsprechend aus. Wer friert, hat keinen Spaß.
- Grenze das Feld ein, in dem die Spiele stattfinden.
- Persönliche Ausbildung: Du solltest fit sein in Wasserrettung, Herz-Lungen-Wiederbelebung (HLW) und allgemeiner Erster Hilfe.
- Grundregel für alle Spiele: STOPP oder ein LAUTER PFIFF bedeutet für alle Spieler ein sofortiges Innehalten, da eine Situation geklärt werden muss. Jeder Mitspieler kann davon im Notfall (und nur dann) Gebrauch machen.

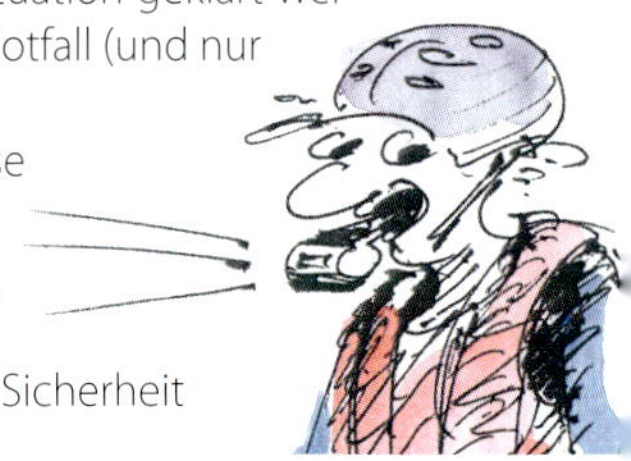

- Ein Retter ist immer am Wasser. Idealerweise befindet sich ein Beobachter am Ufer (Bademeisterprinzip). Wer als Spielleiter mitspielt, verliert den Überblick.
- Überprüfe das Material auf Tauglichkeit und Sicherheit (siehe Spiel- und Bootsmaterial).
- Spiele nicht oberhalb von Wehren, querliegenden Bäumen oder anderen gefährlichen Hindernissen.
- Stelle sicher, dass Du zu jeder Zeit alle Spieler im Blick hast. Versteckspiele o.ä. fallen somit weg.
- Alle Teilnehmer tragen angepasste Sicherheitsausrüstung. Schwimmwesten schützen nicht nur vor dem Ertrinken, sondern halten auch harte Schläge ab und wärmen. Helme werden immer dann getragen, wenn die Gefahr von Kopfverletzungen besteht (seichtes Wasser, Paddelhiebe usw.).

- Kajaks müssen immer eine sogenannte Sicherheitsluke haben. In einer Luke sitzt immer nur eine Person. Gegenstände werden nicht zwischen den Beinen transportiert.
- Im Boot (Kajak oder Canadier) befinden sich keine Leinen oder sonstige Gegenstände, in denen man sich verheddern kann.
- Seile und Schnüre sind besonders auf fließendem Wasser mit besonderer Vorsicht zu gebrauchen. Sie müssen sich zu jeder Zeit schnell lösen lassen.
- Bei sogenannten Brückenstarts mit Booten, muss immer sichergestellt sein, dass das Wasser tief genug ist und das Boot nie flach, rückwärts oder seitwärts eintaucht. Unsere Wirbelsäule ist nicht dafür gebaut.
- Sicherheit hat einen großen mentalen Aspekt. Nehme deshalb Ängste und Befürchtungen immer Ernst und gehe darauf ein.

Sicherheitsausrüstung für den Spielleiter

Auf stehendem Gewässer in Ufernähe:
- **Erste-Hilfe-Set (Rettungsdecke! Zeckenzange ist hilfreich)**
- **Handy**

Zusätzlich auf Fließgewässern:
- **Wurfsack mit 3 Karabinern**
- **Schwimmweste mit Rettungsgurt**
- **Messer, Pfeife**

Bei ausgesetzteren Touren oder Wildwasser gelten naturgemäß eigene Gesetze und andere Vorsichtsmaßnahmen!

Boots- und Spielmaterial

Boote

Für Spielzwecke sind Glasfaserboote ungeeignet. Sie sind schnell beschädigt und hautunfreundlich. Die Wildwasserkajaks und Tourenboote aus modernen Thermoplasten (z.B. PE) sind beinahe unzerstörbar und auch für Kinder sehr gut geeignet. Bei der Bootswahl für Kinder sollte man allerdings darauf achten, dass Kind und Größe / Volumen des Bootes zueinander passen. Mittlerweile gibt es hervorragende Kinderboote am Markt. Leider sind diese im Verhältnis sehr teuer und schnell zu klein.
Grundsätzlich unterscheidet man zwischen „FESTEN" und „AUFBLASBAREN" Booten. Feste Boote haben deutlich schönere Fahreigenschaften, gute Zuladung und sind verhältnismäßig günstig. Lager- und Transportmöglichkeiten sollten vor dem Kauf geklärt werden. Aufblasbare Boote sind unsinkbar, gut zu lagern, einfach zu transportieren und bei guter Qualität auch für Wildwasser geeignet. Hohe Kosten, Pflege und ein materialbedingt sorgfältigerer Umgang stehen dagegen.

Folgendes solltet Ihr prüfen:

- Gibt es scharfe Grate, Kanten, lockere Schrauben oder gebrochene Sitze?
- Sind die Einstiegsluken groß genug?
- Gibt es feste und gut erreichbare Haltegriffe an Bug und Heck?
- Sind die Boote unsinkbar?
- Sind passende Fußstützen vorhanden?

Einer- oder Zweierboote

Für Spiel, Spaß, Wettkampfspiele oder Teamrallye sind in der Regel Soloboote (Einerkajaks) immer geeignet. Sie haben einen großen Aufforderungscharakter und stellen höhere Ansprüche an die Motorik als ein Zweierboot.
Bei manchen Spielen sind auch Tandemboote (meist Tandemcanadier) eine hervorragende und gelegentlich auch bessere Wahl, die sich auch daran orientieren kann, welche Zielsetzung ich mit der Gruppe verfolge.

Paddel

Für fast alle Spielformen ist das Paddel ein ideales Hilfsmittel – und sei es nur, um sich fortzubewegen. Im Eifer des Gefechtes oder beim anfänglich unkontrollierten Paddeln geht von den Paddelblättern die größte Gefahr aus. Die Kanten der Blätter sind teilweise messerscharf und mit Glasfaserspreißeln gespickt. Hier hilft nur Abkleben oder Plastikpaddel (Thermoplaste) verwenden. Canadierpaddel müssen einen fest sitzenden Knauf haben. Für Kinder sind leichte und kurze Paddel zu empfehlen, da sie sonst sehr schnell ermüden und den Spaß verlieren. Heute übliche Glasfaserschäfte sind im Hinblick auf punktuelle Schlagbelastung, z.B. werfen auf Steine, sehr empfindlich.

Hinweis: Wird in diesem Buch bei der Spielbeschreibung von Kajaks, bzw. Solobooten gesprochen und/oder das entsprechende grüne Piktogramm Kajak verwendet, gilt das in der Regel auch für geschlossene Solocanadier (C1 – selten verwendet!).

Wird hingegen der Begriff „Canadier", bzw. Zweierboote verwendet und/oder das türkise Piktogramm Canadier verwendet, sind offene Tandemcanadier, bzw. offene Zweierkajaks d. h. Tourenkajak mit großer Luke (selten verwendet!) gemeint.

Schwimmweste

Schwimmwesten sind die Grundausstattung für jede Aktivität am Wasser. Nur im Schwimmbad kann evtl. darauf verzichtet werden.
Sie müssen zwei Hauptkriterien erfüllen:

- **Sie müssen passen! Mehrere Größen, speziell für Kinder, müssen vorhanden sein.**
- **Sie müssen sich unterhalb des Rippenbogens so verstellen lassen, dass ein „Hochrutschen" nicht möglich ist.**
- **Schlechte Schwimmer/Personen mit Wasserangst tragen sogenannte Rettungswesten (ertrinkungssicher) mit Beinschlaufen und Kragen.**

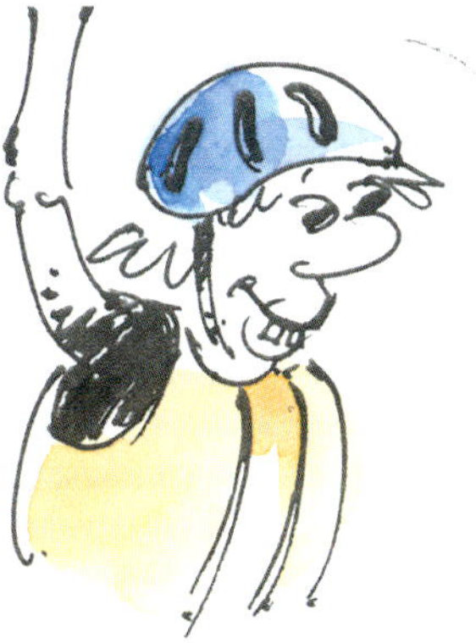

Helm

Ein Helm ist unverzichtbar bei Gefahr von Kopfverletzungen. Dies kann sein bei:

- **seichten Gewässern**
- **„Kanalerkundungsfahrten"**
- **Wildwasser**
- **Wettkampfspielen, wo es zu einem direkten „Gegeneinander" kommt und das Paddel eingesetzt wird.**

Kälteschutz

Wer friert, hat keinen Spaß und ist unkonzentriert. Man ist schnell unterkühlt. Sind die Bedingungen ungünstig (kaltes Wasser, Wind, Regen oder Schneetreiben) so müssen die Teilnehmer ausreichend Kälteschutz tragen. Baumwolle eignet sich dabei am wenigsten. Folgende Kleidungskombinationen können wir Euch in Abstufung der Isolierfähigkeit empfehlen.

- **Winddichte Regenjacke und -hose in Kombination mit Fleece zum Darunterziehen**
- **Neoprenanzug, ggf. mit winddichter Jacke und Fleece**
- **Trockenanzüge**

Wechselkleidung sollte immer in greifbarer Nähe sein oder in einer Tonne mitgeführt werden.

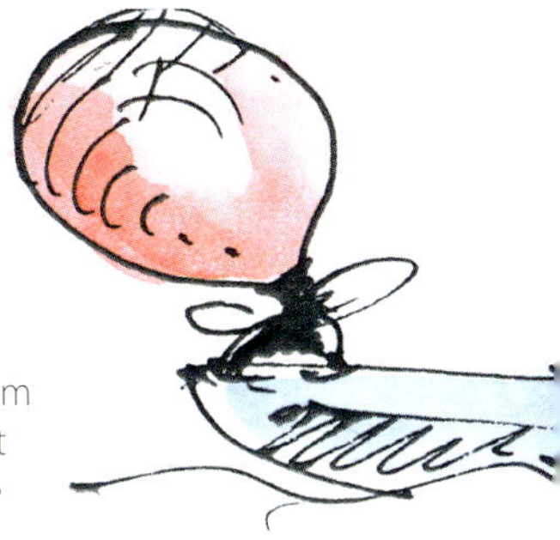

Nützliches Spielmaterial

*Luftballons *Begrenzungsschnüre *Wurfschwamm *Ball *Karabiner *Bojen *Stifte und Papier *Uhr mit Stoppfunktion *Kurze Seilstücke *Wurfsack *Pfeife *Taucherbrille *Becherlupe *Kescher *Augenbinden und Tücher

Teams bilden

Dieses Thema wird Euch immer wieder begegnen. Damit nicht jedes Mal die Frage aufgeworfen wird: „Wer mit wem" – hier ein paar Anregungen.

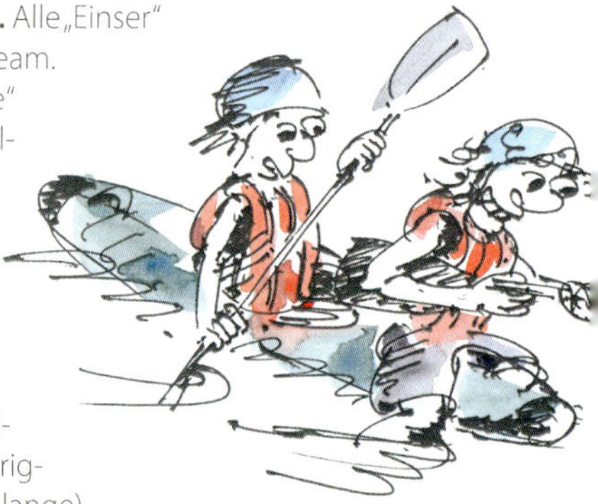

- **Teambildung durch Abzählen.** Alle „Einser" und alle „Zweier" bilden je ein Team.
- **Mittels des Atomspiels:** „Atome" schwirren durcheinander und bilden auf Kommando z.B. bei 3 entsprechend starke Teams.
- **Tierstimmen:** Der Spielleiter flüstert jedem Spieler ein Tier ins Ohr. Anschließend dürfen sich die Spieler nur durch Geräusche und Gestiken verständigen. So finden sie ihre „Zugehörigkeit" (z.B. 3x Wolf, 3x Ente, 3x Schlange).
- **Nach Zugehörigkeiten:** Interessen, Alter, Erfahrung, Geschlecht, Schuhgröße, ... oder nach Lust und Laune.

Spieleschema

Spielkategorien

Spiele in **blauer** Farbe sind für **beide Bootsklassen** geeignet und haben KEIN Symbol am Buchrand.

Hellgrüne Spiele sind für **Kajaks** geeignet und haben ein hellgrünes Kajak-Symbol am Buchrand. Da sich **Spiele zur Eskimorolle** (Seite 48–57) nur für Kajaks eignen und alle grün sind, haben wir auf das Kajak-Symbol verzichtet!

Türkisfarbene Spiele sind für **Canadier** geeignet und haben ein türkises Canadier-Symbol am Buchrand.

Die Spielbeschreibungen sind nach folgendem Muster aufgebaut:

Der SPIELNAME

Die Spielnamen sind so gewählt, dass möglichst beim Lesen bereits Bilder im Kopf entstehen, um was es geht.
Bei bekannten Spielen aus anderen Bereichen, wie z.B. „Schwarzer Mann", haben wir die Namen und die Spielidee übernommen.

Blauer Infoblock: Im Infoblock findet Ihr kurz zusammengefasst, was man an Material braucht und wichtige Infos, um ein Spiel einzuschätzen.

Material Wir setzen normale Paddelausrüstung voraus. Wird weniger oder mehr benötigt, ist Zusatzausrüstung erforderlich oder gibt es Besonderheiten, findet es hier Erwähnung.

Spieler Manche Spiele funktionieren nur mit einer größeren Anzahl an Spielern. Wir haben meist eine Spielerzahl angegeben.

Alter Die Spiele funktionieren ab ca. 8 Jahren. Einige Spiele erfordern ein Mehr an geistiger und / oder körperlicher Reife. Als Orientierung haben wir dann eine Altersangabe gemacht.

Zeit Spiele sind i.d.R kurze Sequenzen von 5-10 Minuten. Muss für ein Spiel mehr Zeit eingeplant werden, ist es hier vermerkt.

Gelände/ Gewässer Hier weisen wir auf Besonderheiten hin, die es im Gelände/ Gewässer zu beachten gilt, z.B. tiefes Wasser, wenn im flachen Wasser Verletzungsgefahr besteht, . . .
Ansonsten bezieht sich das Gelände auf die jeweilige Rubrik in der es steht. „An Land" gehen wir von ebenem Gelände aus.

Effekt Hier findest Du immer einen Tipp für welche Entwicklungsrichtung sich dieses Spiel besonders eignet oder welchen Impuls es setzt. Dies bedeutet jedoch auch, dass es einfach nur zum Spaß gespielt werden darf.

Tipp-Männchen:

Im „TIPP-Männchen" steht der Knackpunkt bzw. Warnungen, Hilfestellungen oder andere Besonderheiten, die uns aufgefallen oder wichtig sind.

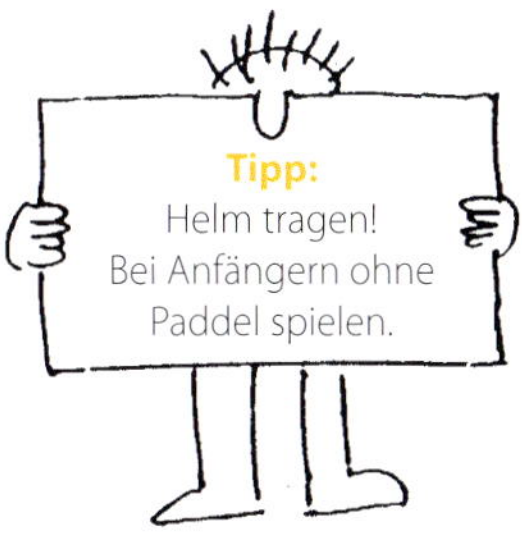

Gelber Block mit Varianten:

Varianten
Weitere Ideen für Abwandlungen des Spieles. Die Varianten beziehen sich immer auf die Grundidee der Spielbeschreibung.

Aufwärmspiele an Land

Wer hat noch nicht in Regen oder Kälte auf Mitpaddler gewartet, Zeit überbrücken müssen bis die letzten Kinder gebracht wurden, oder in verschlafene Gesichter geblickt. Körper und Geist müssen auf Betriebstemperatur gebracht werden – so werden Verletzungen vermieden. Gleiches gilt, um gegenüber sich und seinen Mitstreitern sensibel, um miteinander „warm" zu werden. Viele Spiele werden beidem gerecht.

SCHINKENKLOPFEN

Material	Paddel, Helm
Spieler	ab 4 Spieler
Zeit	5-10 Minuten
Gelände	ebene Wiese oder Parkplatz
Effekt	Aufwärmen, Körperkontakt, Kommunikation

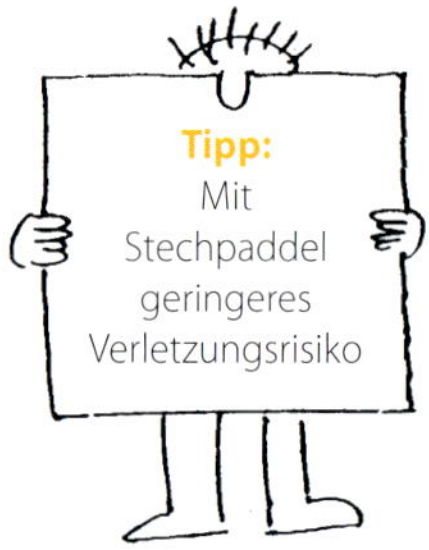

Spieler versuchen sich gegenseitig mit dem Paddel (Helm tragen) oder der Hand auf den Hintern zu klopfen.

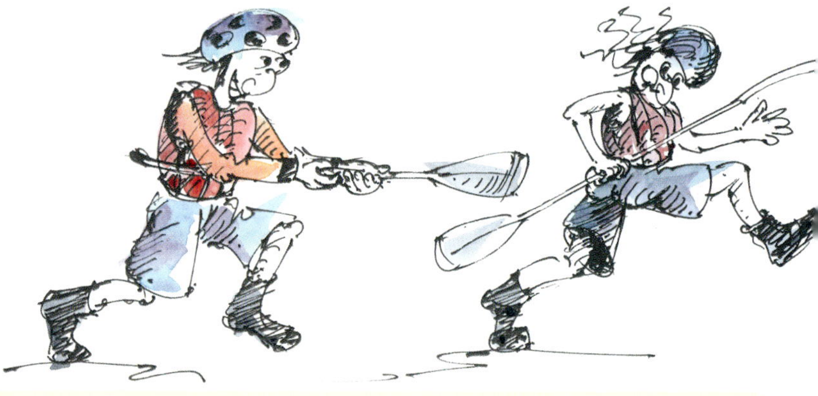

Varianten

- Körperbetont: Wer erwischt die meisten „Ärsche".
- Kommunikativ: Wer einen Hintern abklopft, darf demjenigen etwas Schönes sagen, ihn begrüßen, einen guten Tipp für den Tag geben ....

WURFSACK-BASKETBALL

Material	Boote oder Tonnen, Wurfsack
Spieler	6-20 Spieler
Zeit	5-15 Minuten
Gelände	ebene Wiese oder Parkplatz
Effekt	Aufwärmen, Kommunikation

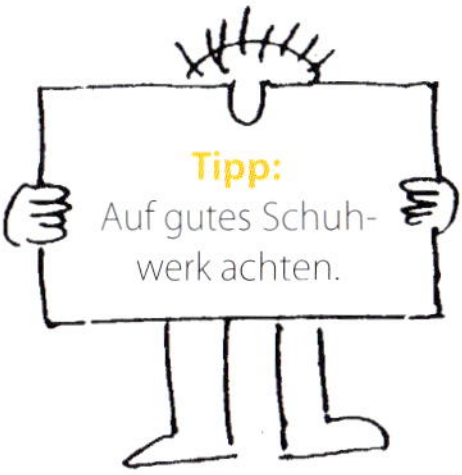

Zwei Teams haben für die anstehende Flussbefahrung nur einen Wurfsack zur Verfügung. Natürlich möchte im Notfall jedes Team vom anderen Team gerettet werden. Nach folgenden Regeln versuchen die Teams sich nun den Wurfsack zuzustecken:
Auf einem begrenzten Spielfeld liegen alle Boote gleichmäßig verteilt umher. Die einzigen Regeln sind: Wurfsack darf nicht länger als 5 Sekunden gehalten werden, Spieler mit Wurfsack darf nicht laufen und vom anderen Team nicht berührt werden. Wenn der Wurfsack in der Luke des anderen Teams landet, gibt es einen Punkt. Die Anzahl der Punkte kann die Spielzeit begrenzen.

Varianten

- Einfacher ist es, nur auf zwei Boote zu spielen, um die Kommunikationsanforderungen geringer zu halten.
- Ein oder zwei Wurfsäcke während des Spielverlaufs hinzugeben.
- Handicaps einbauen, wie z.B. „nur auf einem Bein hüpfen".
- Kann mit Fortgeschrittenen auch auf dem Wasser gespielt werden.
- Als „Football-Variante" ist das Spiel mehr „körperbetont", sollte dann aber nur auf 2 Boote gespielt werden.

HELM-JONGLIEREN

Material	2 Spieler, 3 Helme
Spieler	ab 2 Spieler
Effekt	persönl. Herausforderung, Aufwärmen

Zwei Spieler stehen sich gegenüber. Spieler A hat zwei Helme, einen in jeder Hand. Spieler B hat einen Helm. Spieler A wirft nun einen Helm zu Spieler B. Bevor dieser den Helm fangen kann, wirft er seinen Helm zu Spieler A, der nun den zweiten Helm loswirft, und fängt den ankommenden Helm.
Tipp: Auch mit 2 Helmen und 1 Wurfsack möglich, aber schwieriger.

Transport der Boote von A wie AUTO nach B wie BACH

Oft ist es eine leidliche Pflichtübung, die Boote auf- oder abzuladen und zum Wasser zu bringen. Folgende Spiele eignen sich gut, den Transport spielerisch zu bewerkstelligen, alle Spieler mit einzubeziehen und gleichzeitig noch viele andere Dinge zu erreichen.

BOOTSRAUPE

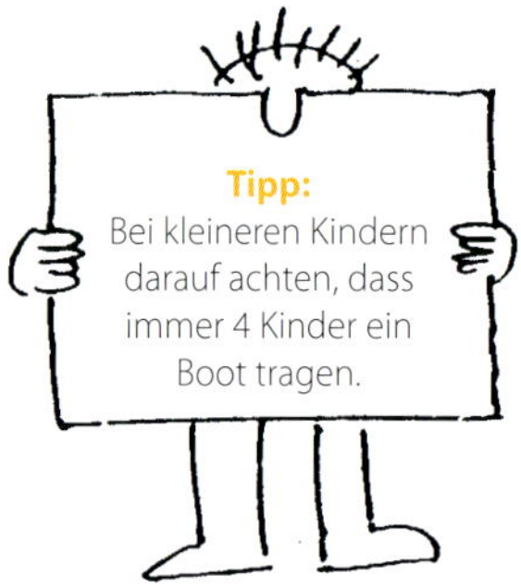

Material	Boote
Spieler	8-20 Spieler
Zeit	5-15 Minuten
Effekt	Aufwärmen, Kommunikation

Eine bestimmte Wegstrecke, z.B Vom Abladen bis zum Einstieg, muss aus Gründen, die Du selbst erfinden kannst, abgemessen werden. Markiere hierzu einen Anfang und ein Ende. Einziges Messwerkzeug, das zur Verfügung steht, sind die Boote. Je nach Genauigkeit muss mit der Bootsbreite oder -länge gemessen werden.

KROKODIL-SUMPF

Alter	ab 10 Jahren
Zeit	15-30 Minuten
Gelände	möglichst eben
Effekt	Kommunikation, Körperkontakt

Vor dem großen Ziel, dem See oder Fluss, liegt noch ein Krokodilsumpf.

Diese Zone kann von der Gruppe nur überwunden werden, wenn kein Spieler den Boden berührt. Sonst schnappt ein Krokodil zu und befördert ihn (oder die ganze Gruppe) zurück zum Ausgangspunkt. Als Hilfsmittel stehen nur die Boote zur Verfügung. Natürlich muss auch das Material sicher und vollständig das andere Ufer des Sumpfes erreichen.

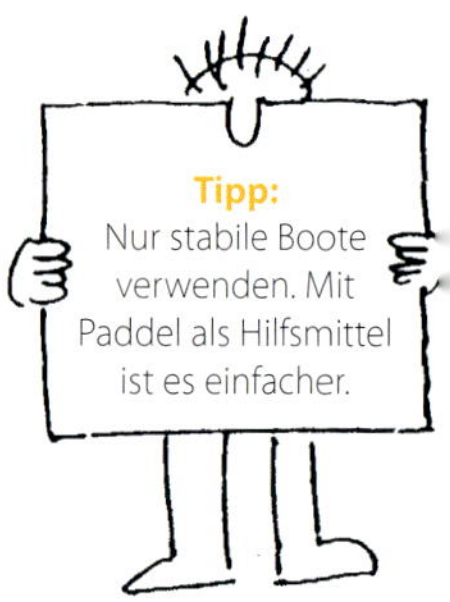

Variante: Als Wettkampf mit 2 Teams.

FÖRDERBAND

Material	Boote (evtl. Paddel)
Spieler	ab 4 Spieler
Zeit	5-15 Minuten
Effekt	Aufwärmen und Kommunikation

Ziel ist es, die Boote über eine klar definierte Strecke zu transportieren (z.B. vom Parkplatz zum Einstieg). Es kann in einer Gruppe oder mit zwei Teams gespielt werden. Die Spielregeln sind einfach:
Wer das Boot gerade berührt/trägt, darf sich nicht vorwärts bewegen. Dabei darf das Boot natürlich keinen Bodenkontakt haben. Die erste Aufgabe für die Teams besteht darin, eine gute Lösung zu finden, wie die Boote zum Wasser gelangen?

Varianten

- Die Boote dürfen nur hochkant transportiert werden. Das Boot wird von zwei Spielern an Bug und Heck gehalten und in weitem Bogen über Kopf auf die andere Seite gehoben wo es von den zwei nächsten angenommen und in gleicher Weise weitergegeben wird.
- Boote dürfen z.B. nicht mit den Händen berührt werden.
- Die Paddel und das restliche Material können in gleicher Weise transportiert werden.

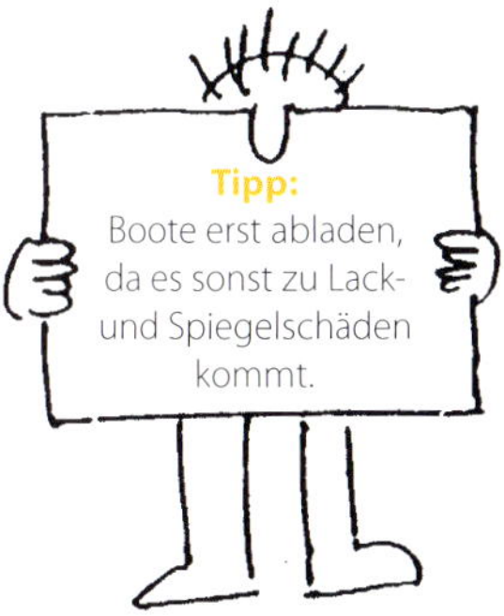

WHO IS WHO

Material	1-4 Wurfsäcke
Spieler	ab 5 Spieler
Alter	ab 8 Jahren
Zeit	5-10 Minuten
Gelände	ebenes Gelände
Effekt	Kommunikation, Aufwärmen

Kreisaufstellung.
Ein Spieler ruft seinen eigenen Namen und einen weiteren aus der Runde. Gleichzeitig wirft er demjenigen einen Wurfsack zu. Dieser tut es dem ersten Spieler gleich.

Varianten

- Jeder Spieler läuft dem Weg seines geworfenem Wurfsacks hinterher.
- Mehrere Wurfsäcke werden in Umlauf gebracht.

ALLE WURFSÄCKE FLIEGEN HOCH

Material	je nach Spielerzahl 4 - 8 Wurfsäcke
Spieler	ab 6 Spieler
Alter	ab 8 Jahren
Zeit	5-10 Minuten
Gelände	ebenes Gelände
Effekt	Kommunikation

Kreisaufstellung. Der Spielleiter wirft seinen Wurfsack einer Person zu, nennt ihren Namen und merkt sich, wo er hingeworfen hat. Gleiches tun alle anderen Spieler auch. Keine Person darf zweimal genannt werden. Ist der Wurfsack wieder beim Spielleiter angekommen, kann er noch einmal einen Probedurchgang machen. Jetzt schätzen alle, wie viele Wurfsäcke die Gruppe auf diese Art wohl gleichzeitig hantieren kann und probieren es sogleich aus. Fällt einer zu Boden wird er schnell aufgehoben und in den Kreislauf wieder eingeführt.

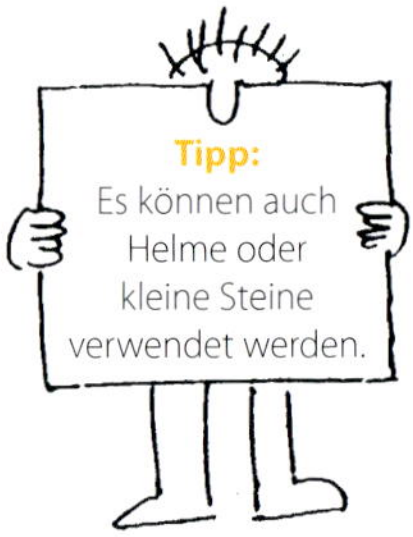

Variante: Ohne Namenszuruf.

ATOMMÜLLSPIEL

Material	Boote, Schwimmwesten, Helme, Paddel
Spieler	je mehr Spieler desto lustiger
Zeit	15 Minuten
Gelände	ebenes Gelände
Effekt	Aufwärmen, Kommunikation

Nach dem Ausstieg aus der Atomenergiegewinnung muss das Problem der Abfallbeseitigung geregelt werden. Zwei aneinandergrenzende Länder stehen im Wettstreit. Land A exportiert nach Land B und umgekehrt. Die Zeit ist begrenzt, da Land C nach 2 Minuten in die Grenzstreitigkeiten eingreift.

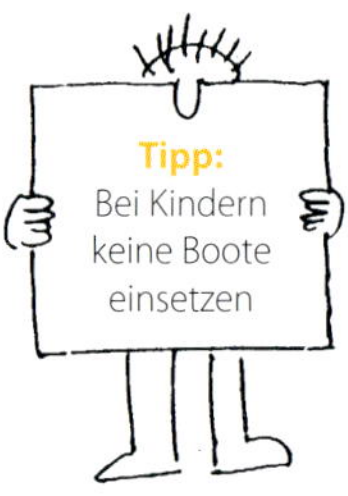

Spielaufbau

Zwei Teams werden gebildet. Eine Grenzlinie trennt die beiden Kontrahenten. Der Atommüll (Boote, Schwimmwesten, Paddel, Helme) ist gleichmäßig auf beide Länder verteilt. Jeder Spieler darf jeweils nur einen Gegenstand transportieren. Dieser darf nicht geworfen werden! Nach Ablauf der Zeit (2 Minuten können verdammt lang sein) darf ein Gesandter das jeweilig andere Land inspizieren und die Gegenstände zählen.

PULLOVER

Material	Schwimmwesten mit Bergegurt, Helm
Spieler	ab 2 Spieler
Alter	ab 8 Jahren
Zeit	5-20 Minuten
Gelände	ebenes Gelände
Effekt	Aufwärmen

Zwei Spieler hängen sich, Rücken an Rücken, gegenseitig in ihren Bergegurt ein. Jetzt versuchen sie, sich gegenseitig eine bestimmte Strecke wegzuziehen. Beide vereinbaren ein akustisches Zeichen, falls einer vorzeitig aufgibt und nicht beide unkontrolliert durch die Gegend fliegen wollen.

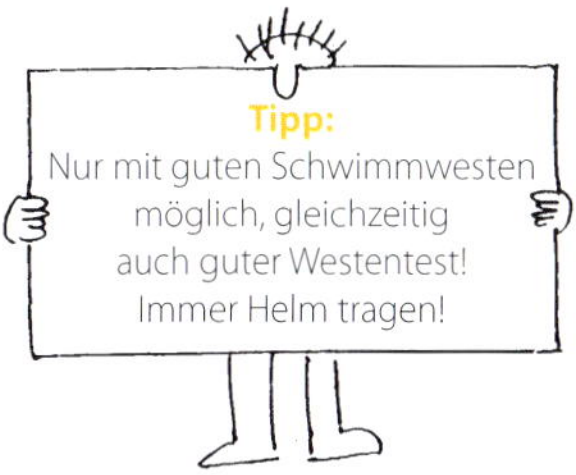

Varianten

- Als Tunier.
- Wenn keine entsprechenden Westen vorhanden sind, kann man sich auch Schulter an Schulter (Gesicht zueinander) wegschieben.
- Gleiches Spiel auch paddelnd auf dem Wasser möglich.

PPP (PLAZEBO PADDEL PARCOUR)

Material	je ein Paddel
Spieler	ab 2 Spieler
Alter	ab 8 Jahren
Zeit	5 - 10 Minuten
Gelände	verschied. Geländeformen
Effekt	Aufwärmen, Technik

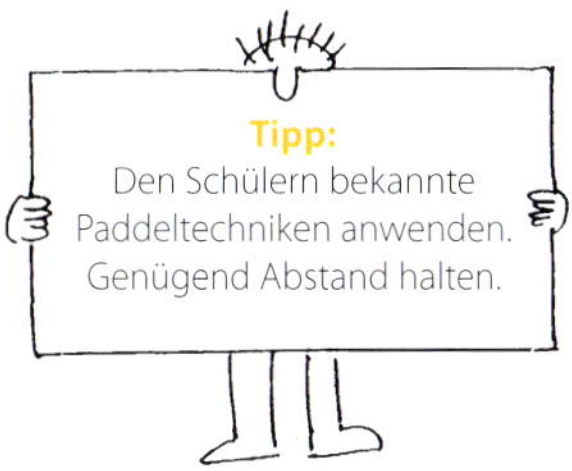

Alle nehmen ihr Paddel in die Hand. Der Spielleiter läuft einen imaginären Slalom durch das Gelände. Die restlichen Spieler folgen ihm und imitieren seine angewandten Paddelschläge.

Variante: Kann auch als Partnerlauf oder in einem Dreierteam stattfinden.

HINKELSTEIN-RENNEN

Material	Kajaks
Spieler	ab 6 Spieler
Alter	ab 15 Jahren
Zeit	5-15 Minuten
Effekt	Aufwärmen

Obelix hat sich noch nicht so richtig an leichte Kajaks gewöhnt. Immer wenn er sie in die gewohnte Hinkelsteinposition (senkrecht auf der Spitze balancierend) gebracht hat, kippen sie nach vorne um. Gut, dass es die Gallier gibt, die das Boot immer wieder auffangen (Rest der Gruppe steht sich in einer Zweierreihe gegenüber und hält die Hände in Bereitschaft nach vorne). Obelix ist verwirrt und tauscht die Position mit einem Fänger, der dann zum Obelix wird.

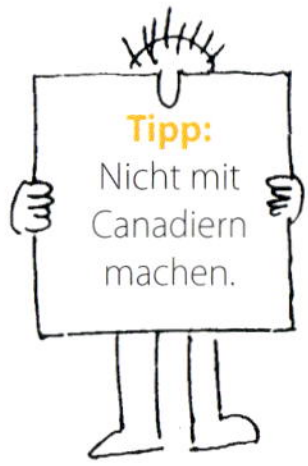

Variante Als Wettkampf mit 2 Teams.

PADDEL HIPP-HOPP

Material	Paddel
Zeit	5-10 Minuten
Gelände	ebenes Gelände
Effekt	Aufwärmen

Alle Spieler stehen im Kreis und stellen ihr Paddel mit ausgestreckter Hand senkrecht vor sich hin. Auf das Kommando „Hipp" wird das Paddel des rechten Nachbarn ergriffen und das eigene losgelassen. Auf „Hopp" das des Linken. Stufe zwei ist: „Hepp"– zwei nach rechts und „Happ" – zwei nach links.

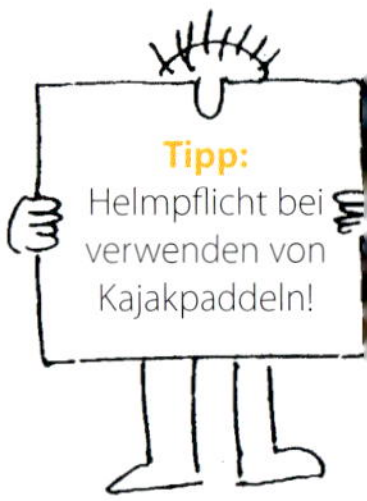

MEIN PADDEL-DEIN PADDEL

Material	Paddel
Zeit	5 Minuten
Gelände	ebenes Gelände
Effekt	Aufwärmen

Varianten: Rückwärts, auf einem Bein, beidbeinig hüpfen.

Zwei Spieler stehen sich gegenüber. Jeder stellt das Paddel vor sich hin und hält es fest. Jetzt lassen beide das Paddel los und tauschen schnell den Platz ohne das Paddel mitzunehmen und ohne dass es umfällt. Mit jedem Versuch wird der Abstand vergrößert. Welches Team schafft den größten Abstand?

DAMOKLES-SCHWERT

Material	ein Paddel
Spieler	ab 5 Spieler
Alter	ab 10 Jahren
Zeit	5-10 Minuten
Gelände	ebene Wiese
Effekt	Kommunikation, Aufwärmen

Alle Spieler stehen im Kreis (eineinhalbfacher Paddelradius). Der Wächter des Damokles-Schwertes steht mit einem senkrecht gehaltenen Paddel in der Mitte. Mit dem Ruf eines Namens lässt er das Paddel los. Noch bevor es zu Boden fällt, muss der Gerufene es auffangen. Gelingt es ihm, so ist er der neue Wächter, gelingt es ihm nicht – dann auch.

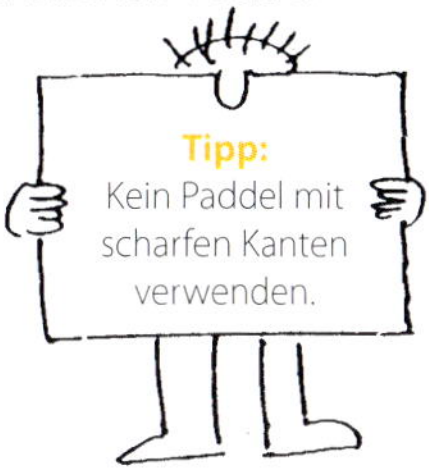

Varianten:
Spieler sitzen im Kreis, liegen auf dem Bauch oder dem Rücken, etc.

KATZ UND MAUS

Material	Kajaks
Spieler	ab 6-10 Spieler
Zeit	10-20 Minuten
Gelände	ebene Wiese
Effekt	Bootsgefühl, Aufwärmen

Die Kajaks aller Spieler werden in Sternform gelegt, bis auf die Boote von 2 Spielern. Der Abstand zwischen den Booten ist jeweils so groß, dass zwei benachbarte, im Boot sitzende Spieler, sich nur durch gleichzeitiges Aufkanten des Bootes die Hände reichen können.
Zu Spielbeginn befindet sich die Maus im Innenkreis der Boote. Die Katze lauert außerhalb. Natürlich versucht die Katze die Maus zu schnappen. Durch Handreichen der „Sternspieler" können diese den Weg für die Katze versperren und für die Maus öffnen.
Wird die Maus erwischt, so wechseln beide in die Boote und eine neue Paarung kann sich versuchen.

Variante
Zwei oder drei Katzen jagen eine Maus (bei großen Gruppen wichtig).
Der Stern entscheidet eigenständig, für wen der Durchgang gesperrt ist.
So können alle das Leiden des animalischen Dramas mitgestalten.

ROPE SKIPPING

Material	Wurfsack
Spieler	bis 10 Spieler, dann besser 2 Gruppen
Alter	ab 8 Jahren
Zeit	5-30 Minuten
Gelände	ebenes Gelände
Effekt	Aufwärmen, Kommunikation

Der Wurfsack ist für dieses Spiel ein ideales Gerät. Binde ihn an einen Baum oder Mast etwa in Brusthöhe fest oder suche Dir einen „Mitschwinger" (ist einfacher). Jetzt schwingst Du das Seil gegen die Laufrichtung der Spieler. Nun beginnt der Spaß: alle können hindurchlaufen, springen, gemeinsam springen usw. Hier gibt es unzählige Varianten. Lass Deiner Kreativität freien Lauf und lass Dich überraschen, auf welche Ideen die Spieler von selbst kommen.

Variante:
Für Fortgeschrittene können zwei Seile gleichzeitig geschwungen werden.

HELI JUMPING

Der Spielgedanke ist ähnlich wie bei Rope Skipping, nur wird das Seil waagerecht, knapp über dem Boden, geschwungen. Zum Schwingen ist es einfacher, das Seilende zu beschweren.

Material	Wurfsack
Spieler	bis 10 Spieler
Alter	ab 8 Jahren
Zeit	5-30 Minuten
Gelände	ebenes Gelände
Effekt	Aufwärmen, Kommunikation

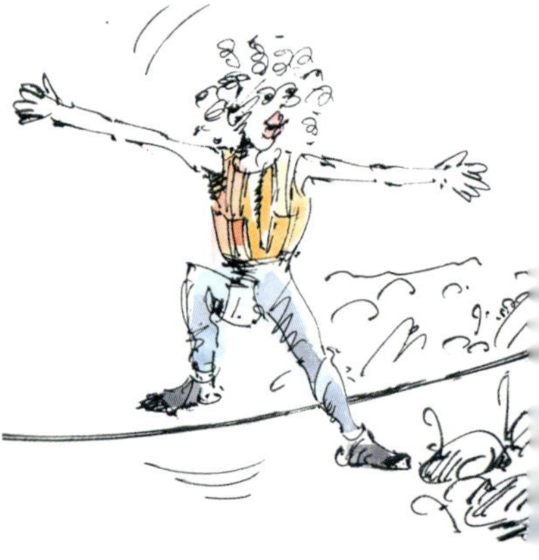

Variante:
Für Fortgeschrittene können zwei Seile gleichzeitig geschwungen werden.

SCHILDKRÖTE

Material	Kajaks
Alter	ab 12 Jahren
Gelände	weiches Gelände
Effekt	Bootsgefühl & Aufwärmen

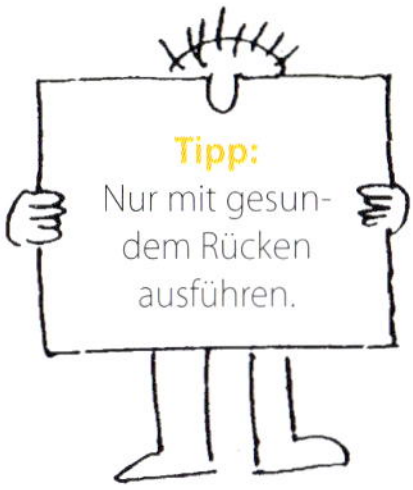

Alle haben ihre Boote gut eingestellt und gefittet. Jetzt kommt der große Test: passt es wirklich? Hierzu sitzt jeder in seinem Boot mit genügend Platz um sich herum. Mit Schwung und ohne Paddel versuchst Du jetzt mit dem Körper unter das Boot zu kommen, so dass Du auf Deine Unterarme gestützt, zum Stehen kommst.

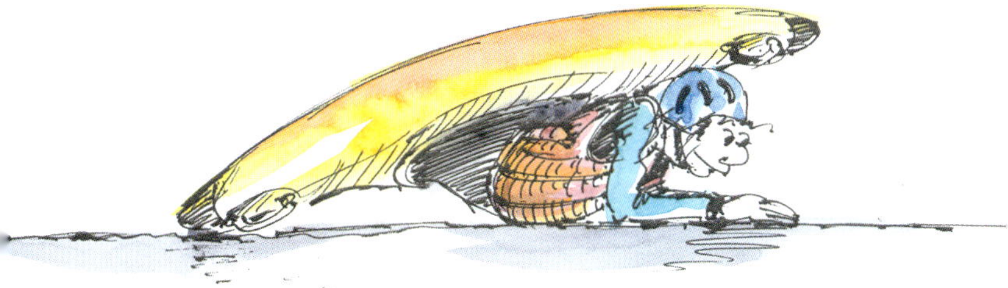

Variante: In den Handstand gehen. In dieser Position fortbewegen.

TROCKENROLLE

Material	Kajaks
Alter	ab 12 Jahren
Zeit	5 Minuten
Gelände	weiches Gelände
Effekt	Bootsgefühl, Aufwärmen

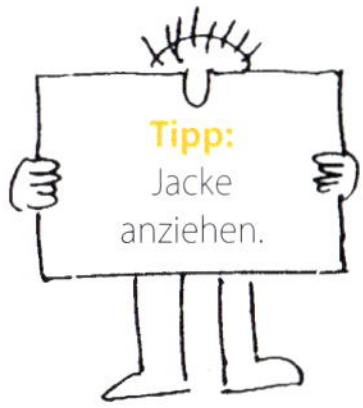

Ähnlich wie die Schildkröte, nur versuchst Du nicht auf den Ellbogen zum Stehen zu kommen, sondern rollst über die Schulter einfach auf die andere Seite durch.

KALIMERO

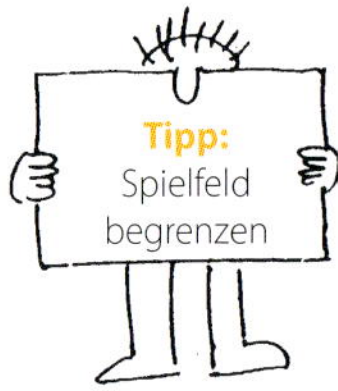

Material	Helm
Spieler	ab 5 Spieler
Alter	ab 8 Jahren
Zeit	10-20 Minuten
Gelände	ebenes Gelände
Effekt	Aufwärmen

Kalimero ist ein klassisches Fangspiel. Wer erwischt wird, muss versteinert stehen bleiben. Wird ihm der Helm aufgesetzt, ist er wieder befreit. Der Helm darf zwischen den Spielern zugeworfen werden. Die Versteinerten dürfen sich erst dann bewegen, wenn ihnen der Helm aufgesetzt wurde. Ziel der Fänger ist es, alle zu versteinern und so in den Besitz des Helms zu kommen.

Varianten: Je mehr Spieler, desto mehr Fänger. Auch im Boot möglich.

MÄUSE BEFREIEN

Eine Variante von Kalimero. Zum Befreien der Versteinerten müssen die noch lebenden Spieler zwischen den Beinen der Versteinerten durchkriechen.

DUELL

Material	zwei Boote, ein Seil
Spieler	ab 2 Spieler
Alter	ab 8 Jahren
Zeit	5 Minuten
Effekt	persönl. Herausforderung

Zwei Boote werden im Abstand von ca. 4 Metern nebeneinander gelegt. Je ein Spieler steht auf dem Heck oder Bug des Bootes. Jeder Spieler hält ein Ende des Seiles in der Hand. Der Rest liegt zwischen ihnen. Auf Kommando holen beide Spieler das Seil so schnell wie möglich ein. Ist es gespannt, versuchen sie sich gegenseitig durch Ziehen oder Nachlassen aus dem Gleichgewicht zu bringen. Bei Canadiern sitzen die Spieler auf Bug- oder Heckspitze mit den Füßen außerhalb des Bootes, ohne dabei den Boden zu berühren.

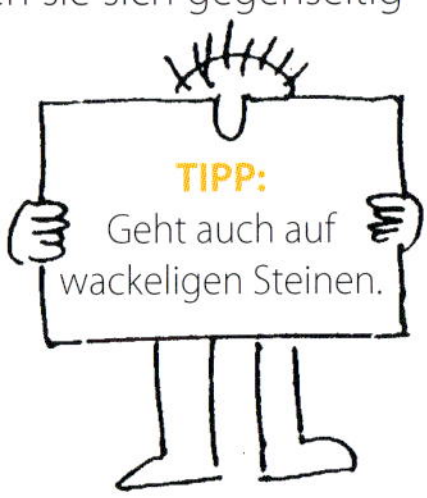

Variante: Kann mit mehr Spielern schnell zu einem kleinen Turnier ausgebaut werden.

RUSSIAN DANCE

Spieler	ab 2 Spieler
Alter	ab 8 Jahren
Zeit	5 Minuten
Effekt	Aufwärmen (wenn's richtig kalt ist), Kommunikation

So schnell ist es Dir noch nie warm geworden! Zwei Spieler stehen sich gegenüber. Jetzt hüpfen beide, schlagen die jeweils rechten Füße in der Mitte zusammen und zählen gleichzeitig – „und eins". Dann wieder Neustart, aber diesmal bis „zwei". Bei „zwei" werden die linken Füße zusammengeschlagen. Wieder Neustart. So setzt sich das fort bis „zehn" und wieder zurück. Dabei zählen beide laut mit: „und eins und zwei und drei und vier....."

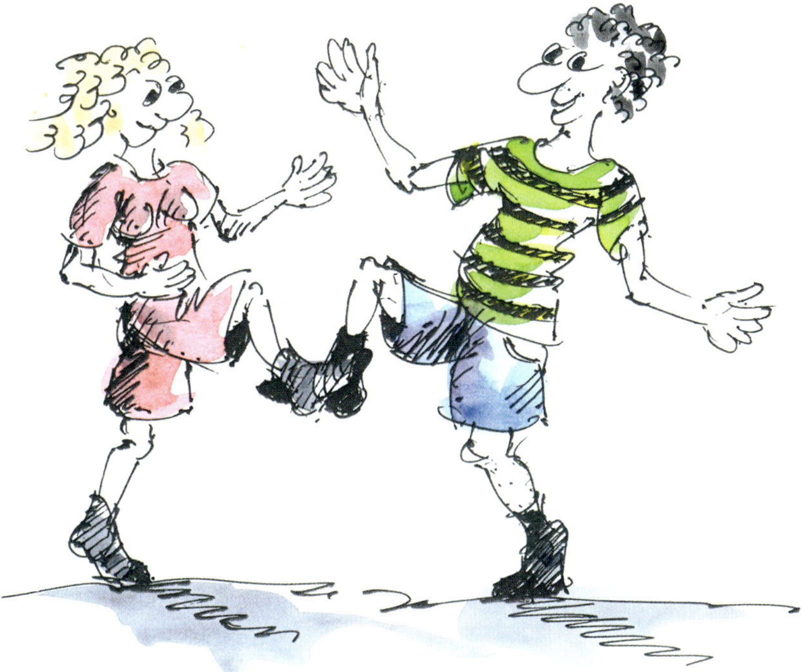

Variante: Gleichzeitig analog mit den Händen.

BONGO DANCE

Material	2 Paddel oder Stöcke
Spieler	ab 6 Spieler
Alter	ab 8 Jahren
Zeit	5-10 Minuten
Gelände	ebenes Gelände
Effekt	Aufwärmen, Kommunikation

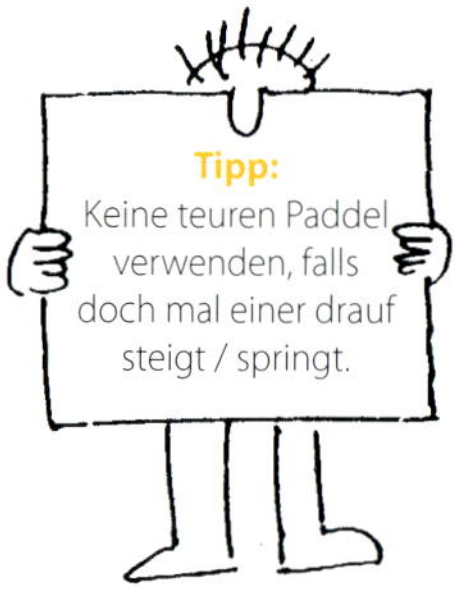

Zwei Spieler halten knapp über dem Boden zwei Paddel oder Stöcke parallel und an deren Enden fest. Durch rhythmisches Klatschen und / oder Singen geben die Umherstehenden einen Rhythmus vor, nach dem die Paddel geöffnet und geschlossen werden. Jeder der Lust hat, tritt nur in den Kreis und tanzt oder springt über oder zwischen die Paddel.
Dies können auch zwei oder drei Mitspieler gleichzeitig tun.

ANDOCKEN

Spieler	ab 8 Spieler
Alter	ab 10 Jahren
Zeit	5-20 Minuten
Gelände	ebenes Gelände
Effekt	Aufwärmen, Kommunikation, persönliche Herausforderung

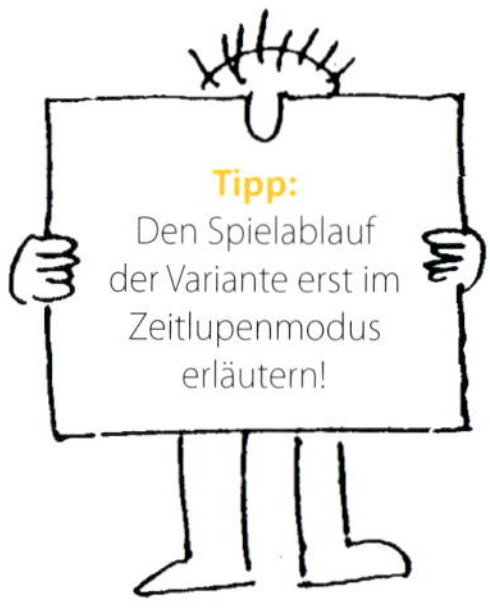

In einem begrenztem Spielfeld stellen sich die Spieler paarweise und eingehakt auf. Ein Fänger jagt nun einen Ausreißer. Hakt sich dieser bei einem Pärchen ein, so wird der andere Außenstehende zum Ausreißer. Gibt es zu viele Pärchen, kann auch mit 2 Fängern und 2 Ausreißern gespielt werden.

Variante
Echt klasse ist ein Rollenwechsel im Moment des Einhakens. D.h. der Außenstehende wird zum Fänger und der Fänger wird zum Ausreißer.

SCHWANZFANGEN

Spieler	ab 8 Spieler
Alter	ab 10 Jahren
Zeit	10-15 Minuten
Gelände	ebenes Gelände
Effekt	Aufwärmen, Körperkontakt

Bis auf einen Spieler stehen alle hintereinander und halten sich gegenseitig an den Hüften. Der Schwanzfänger steht zu Beginn Auge in Auge mit der Schlange und versucht nun die letzte Person zu fangen. Die Schlange weiß natürlich ihren Schwanz zu schützen. Erwischt der Fänger den Schwanz, so verbündet sich dieser mit dem Fänger. Gemeinsam, aber immer durch Körperkontakt verbunden, versuchen sie nun das neue Ende zu erwischen. Das letzte Opfer wird wieder zum Fänger. Das Spielfeld muss unbedingt begrenzt sein.

SCHWANZGESTEUERT

Spieler	ab 5 Spieler
Zeit	10-15 Minuten
Effekt	Kommunikation, Körperkontakt

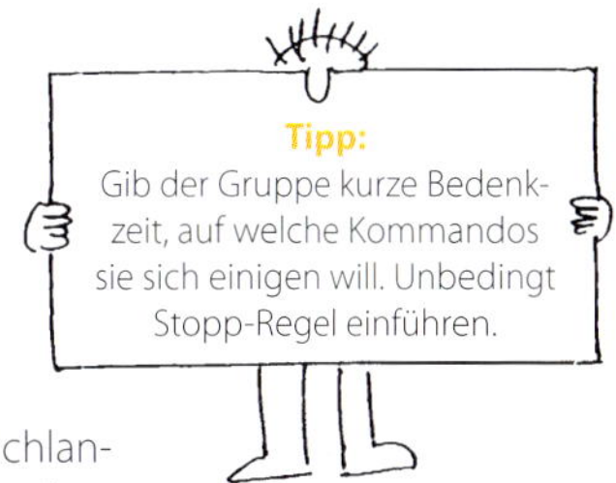

Alle Spieler stehen hintereinander in einer Schlange und schließen die Augen. Jeder greift dem Vordermann auf die Schultern. Der „Schwanz" der Schlange führt über Händedruck die gesamte Schlange. Der Spielleiter gibt den Weg vor, beschreibt oder markiert diesen.

Variante: Als Hundeschlitten. Hierbei stehen die „Hunde" in einer Zweierreihe und haben nach vorne und zur Seite Kontakt.

Weitere Aufwärmspiele an Land

Jägerball, Völkerball, usw. sind sehr gut geeignet, ein allgemeines Aufwärmen zu erreichen.

Aufwärmspiele in und auf dem Wasser

Speziell mit fortgeschrittenen Gruppen lassen sich viele Aufwärmspiele auch auf dem Wasser durchführen. Hierzu lässt sich der Spielgedanke aus vorangegangenen Spielen oft übertragen und die Spiele aus folgenden Rubriken anwenden:

- Spiele im Schwimmbad oder auf stehendem Wasser
- Spiele mit der Strömung
- Spiele zum Thema Sicherheit
- Spiele zum Thema Kanupolo

Sie müssen nur den Charakter von Aufwärmspielen aufweisen

- Keiner scheidet aus
- Die Intensität wird langsam gesteigert
- Schnelle Spiele erst gegen Ende der Aufwärmphase

Auf stehendem Wasser

Das Schwimmbad oder der warme Badesee bieten ideale Bedingungen für Anfänger und Kinder, aber auch Fortgeschrittene können riesigen Spaß haben. Selbst von Kanulehrern hören wir häufig, dass der „Seetag" der Schlüsseltag in der zehntägigen Ausbildung war.

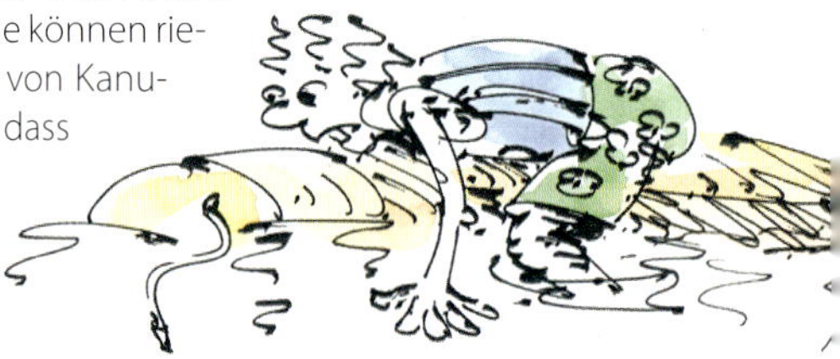

Schwimmbadtermine sind selten und schnell vergeben. Also nutzen wir sie, und zwar so, dass man wieder kommen kann.

Auch Badeseen haben ihre Regeln: Deshalb stürmt nicht einfach drauflos und annektiert ihn, sondern haltet Euch an die Absprachen. Sind andere Schwimmer in der Nähe, so veranstaltet keine Spiele mit wildem Paddeln oder unkontrolliertem Ausgang.
Eine Schwimmweste ist obligat, Helm und Spritzdecke je nach Spielform und Level der Teilnehmer zu empfehlen.
Leichte Schuhe schaden nicht.
Habt Spaß und genießt die Freiheit, nicht von der Strömung mitgerissen zu werden.

WER HAT ANGST VORM SCHWARZEN MANN

Material	normale Paddelausrüstung
Spieler	Gruppe, je größer desto besser
Alter	ab 8 Jahren
Zeit	10-30 Minuten
Effekt	Aufwärmen und Technik

Das Spielfeld ist durch zwei Linien (gedachte Linien oder Ufer) gekennzeichnet. Der „Schwarze Mann“ steht auf der einen, die restlichen Spieler auf der anderen Seite. Auf Ruf: „Wer hat Angst vorm Schwarzen Mann?“ antwortet die Gruppe: „Niemand.“ Daraufhin der Schwarze Mann: „Und wenn er kommt?“ Die Gruppe: „Dann paddeln wir davon!“ Jetzt versucht der Schwarze Mann auf seinem Weg zur anderen Seite (er darf nicht zurückpaddeln) so viele Personen zu erwischen wie möglich. Diese werden dann auch zu Schwarzen Männern. Dies wiederholt sich so oft, bis nur noch einer übrig bleibt – der neue Schwarze Mann.

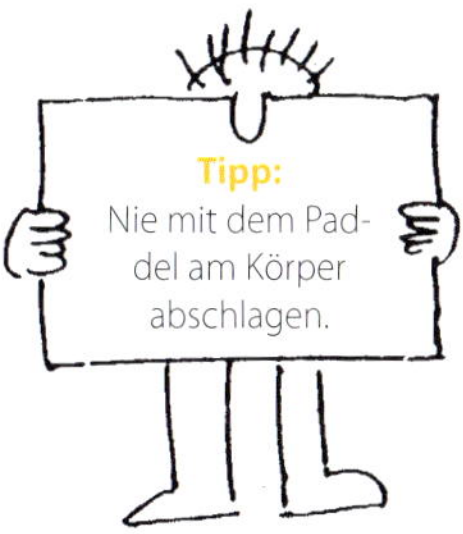

Variante für Fortgeschrittene:
Nur mit der Hand abschlagen, oder nur mit der Hand am Körper abschlagen.

FISCHER, FISCHER, WIE TIEF IST DAS WASSER

Material	Paddelausrüstung
Spieler	Gruppe, je größer desto besser
Alter	ab 8 Jahren
Zeit	10-30 Minuten
Effekt	Aufwärmen, Bootsgefühl, Technik

Aufstellung wie Schwarzer Mann. Alle fragen den Fischer: *„Fischer, Fischer, wie tief ist das Wasser?“* Antwort: *„Das Wasser ist. . . Meter tief“.* Frage: *„Wie kommen wir hinüber?“* Der Fischer überlegt sich eine Fortbewegungsmöglichkeit z.B. *„ohne Paddel“; „nur auf einer Seite paddeln....“* und gibt dies als Antwort und zeigt es auch gleichzeitig. Der Fischer fängt einen oder mehrere Teilnehmer, die dann mit ihm zusammen Fischer sind. Das Ende ist der Neuanfang.

Variante: Frage: *Wie bunt ist das Wasser?* Antwort: z.B. *blau*
Alle Spieler die etwas Blaues anhaben, dürfen unbehelligt auf die andere Seite, alle anderen sind zur Jagd freigegeben.

KETTENFANGEN

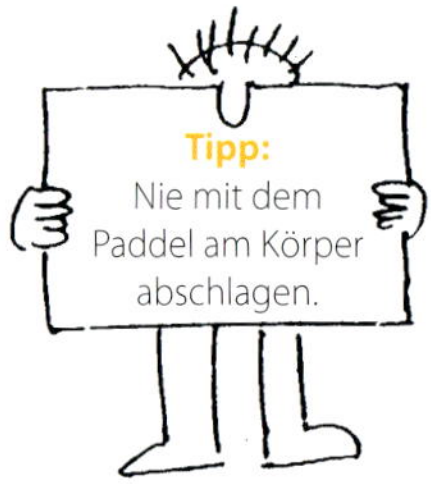

Material	normale Paddelausrüstung
Spieler	Gruppe, je größer desto besser
Alter	ab 10 Jahren
Zeit	10-30 Minuten
Effekt	Aufwärmen, Bootsgefühl

Alle paddeln in ihren Booten in einem begrenzten Spielfeld auf dem Wasser. Ein Fänger versucht einen weiteren Paddler zu erwischen. Dieser wird zum Mitfänger. Der letzte „Freie“ wird zum neuen Fänger.

Variante: Um das Spiel schwieriger zu gestalten, kann die Art des Fangens definiert werden. Beispielsweise nur mit der Hand, nur mit dem Paddel am Vorderschiff abschlagen usw.

BLINDE KUH

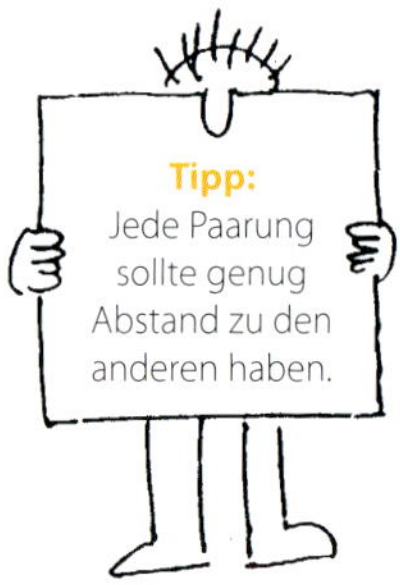

Material	normale Paddelausrüstung, Tuch zum Augen verbinden
Spieler	ab 2 Spieler, bzw. 2 Boote
Alter	ab 10 Jahren
Zeit	5-20 Minuten
Gewässer	See, bei Fortgeschrittenen auch leichtes Fließgewässer (ohne Tuch!)
Effekt	Bootsgefühl, Technik

Ein „blinder“ Paddler wird von einem „sehenden“ Paddler zu einem Ziel (Ufer, Boje) dirigiert. Auch mehrere Paare können dabei auf ein Ziel zusteuern.

Varianten

- Die Art des Dirigierens kann verändert werden, z.B. nur mit Sprache, nur ohne Sprache, nur mit Berührung der Boote.
- Der „Dirigent“ kann auch am Ufer stehen und die Blinde Kuh zu einem Ball (Gegenstand auf dem Wasser) dirigieren.
- Wenn ein „Dirigent“ 2 Blinde Kühe zu einem Ziel führen möchte, wird es spannend – probiert es aus.

ADD ON

Material	normale Paddelausrüstung, Schwamm, Wurfsack oder Ball
Spieler	je Mannschaft bis 6 Spieler
Alter	ab 10 Jahren
Zeit	10-30 Minuten
Effekt	Aufwärmen, Bootsgefühl

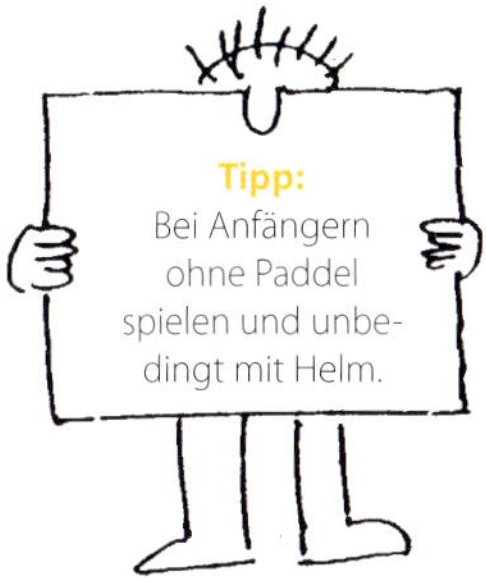

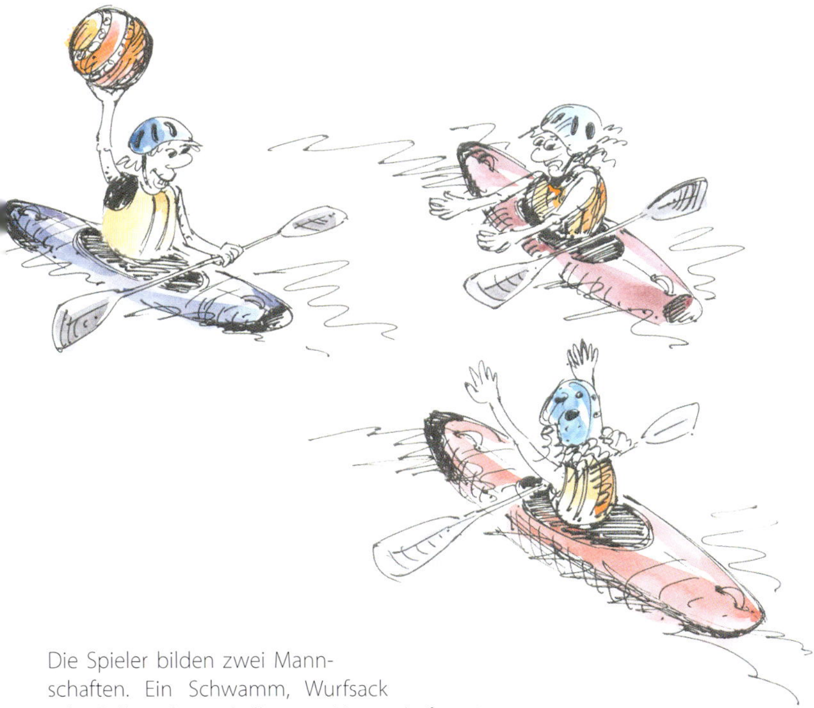

Die Spieler bilden zwei Mannschaften. Ein Schwamm, Wurfsack oder Ball wird innerhalb einer Mannschaft weitergepasst. Die andere Mannschaft paddelt dazwischen und versucht das „Wurfobjekt" abzuluchsen. Gelingt es der ersten Mannschaft 10 x das Wurfobjekt zu passen, ohne dass die andere Mannschaft ihn berührt oder in die eigenen Reihen bringt, so gibt es einen Punkt. Rückpässe sind dabei nicht erlaubt. Das Spiel geht z. B. bis 3, 5, 7.

KOPFSTAND

Material	Boote, Kajak oder Canadier
Alter	wer einen Kopfstand an Land kann
Zeit	10 Minuten
Gewässer	See oder Bad mit genügend Wassertiefe
Effekt	Bootsgefühl, persönliche Herausforderung

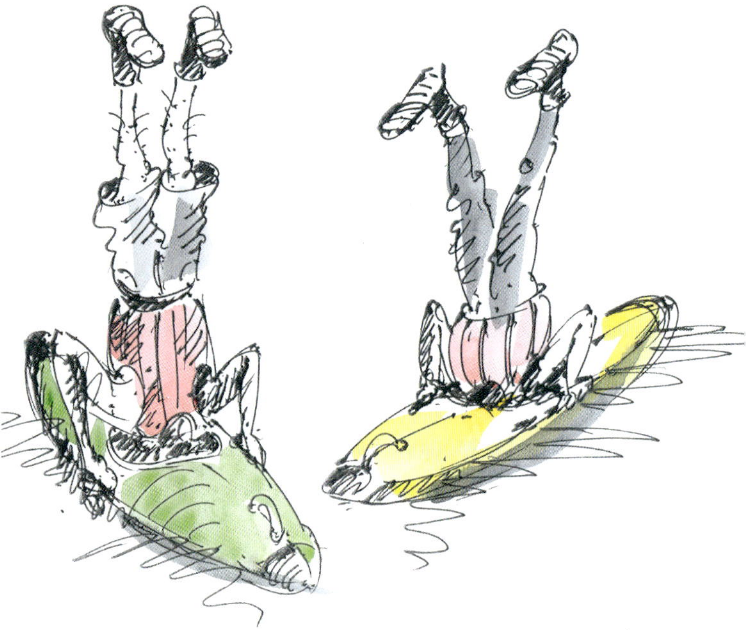

Jeder versucht mit dem Kopf in der Sitzluke und den Händen am Süllrand einen Kopfstand im Boot zu machen. In Kopfstandstellung ist das Gesicht dann in Fahrtrichtung.

Varianten:

- Aufstehen im Boot, auf den Süllrand stellen.
- Wer steht am längsten Kopf?

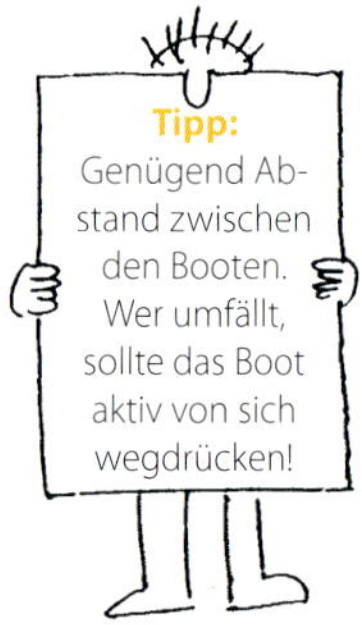

WEITSCHUBSEN

Material	normale Paddelausrüstung
Alter	ab 12 Jahren
Zeit	5-15 Minuten
Gewässer	See oder leichte Kehrwässer zum Gewöhnen an Strömung
Effekt	Aufwärmen, Bootsgefühl, Technik

Varianten

- Als Wettkampf: Wer kommt am weitesten.
- Als Technikschulung: Steuerschlag oder Paddelstütze ausprobieren.

Ein Partner versucht am Bootsheck oder Körper seinen Kollegen so weit wie möglich zu schubsen, ohne dass dieser umfällt. So kann – einer faul und einer fleißig – eine gewisse Strecke zurückgelegt werden.

DRACHENSCHWANZJAGEN

Material	Seilstücke zum Verbinden der Boote, Tuch oder Luftballon
Alter	ab 10 Jahren
Effekt	Aufwärmen

Alle Boote werden in einer Reihe zusammengebunden. Der Kopf (erster Spieler) des so entstandenen Drachens muss nun versuchen, den Schwanz (ein am letzten Boot befestigtes Tuch o.ä.) zu fangen. Der letzte Spieler versucht das natürlich zu verhindern, den Spielern in der Mitte bleibt es selbst überlassen, welches Ende sie unterstützen.

EISZAPFEN

Material	normale Paddelausrüstung
Spieler	bei mehr als 10 Spielern 2 Fänger
Alter	ab 8 Jahren
Zeit	10-20 Minuten
Effekt	Aufwärmen

Variante:
Die Befreiung kann auch durch andere Aktionen erfolgen z.B. Eskimorolle.

Harry Potter verwandelt mit seinem Zauberstab jeden Getroffenen in einen Eiszapfen, der erstarrt stehen bleibt. Der Erstarrte kann durch Umrundung eines der noch Beweglichen wieder „aufgetaut“ werden.

ENDURANCE

Gewässer	See, Ufernähe
Wetter	sonnig, warm,
Effekt	Bootsgefühl, Technik, Kommunikation

Varianten

- So viele Spieler wie möglich auf ein Boot.
- Auf gekentertem Boot.
- Als Teamwettkampf.

Die Hälfte aller aktiven Boote kentern gleichzeitig bei „Sturm auf Hoher See". Zwei Paddler müssen sich nun ein Boot teilen, wobei beide ein Paddel haben. Gemeinsam versuchen sie nun das rettende Ufer zu erreichen. Da es sich um „Eiswasser" handelt, müssen beide auf oder im Boot sitzen.

SCHWARZ-WEISS

Material	normale Paddelausrüstung
Alter	ab 10 Jahren
Zeit	10-15 Minuten
Effekt	Aufwärmen, Bootsgefühl, Technik

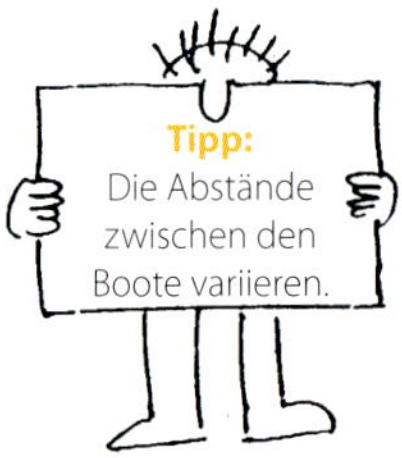

Zwei Mannschaften, eine „schwarz", die andere „weiß", stehen mit ihren Booten Heck an Heck. Der Spielleiter erzählt eine Geschichte bei der unregelmäßig das Wort „schwarz" oder „weiß" fällt. Bei „weiß" dreht die weiße Mannschaft und verfolgt die schwarze Mannschaft, bei „schwarz" die Schwarze. *Um Spannung aufzubauen, spielt die Geschichte bei Nacht und viel Schnee!*

Variante: Kann auch mit wahren **(weiß)** oder falschen **(schwarz)** Aussagen gespielt werden. Dies kann zur Vertiefung von Lernzielen verwendet werden. z.B. „Ein Paddler braucht den Ziehschlag um sich abzustützen." (falsche Aussage).

LUFTBALLON-VOLLEYBALL

Alle Paddler versuchen gemeinsam einen Luftballon über der Wasseroberfläche zu halten. Dies kann nur mit den Händen, dem Kopf, dem Paddel oder auch mit anderen Möglichkeiten erfolgen. Ist die Gruppe groß, können mehrere Ballons verwendet werden. Sind es schon Fortgeschrittene, so kann man in den Ballon einen kleinen Stein reinlegen, damit er schwerer ist.

LUFTBALLONDRIBBLING

Jeder Bootfahrer hat einen Luftballon und versucht diesen in der Luft vor sich herzutreiben, natürlich ohne dass der Ballon das Wasser berührt. Eine schöne Variante: dies zu zweit zu tun und den Ballon ständig abzuspielen.

Material	Luftballons oder aufblasbare Wasserbälle.
Effekt	Bootsgefühl, Taktik, Aufwärmen

LUFTBALLONFANGEN

Material	Luftballons (gute Qualität), Schnüre oder Klebeband.
Zeit	10-20 Minuten
Gewässer	möglichst kein Wind
Effekt	Bootsgefühl, Taktik, Aufwärmen

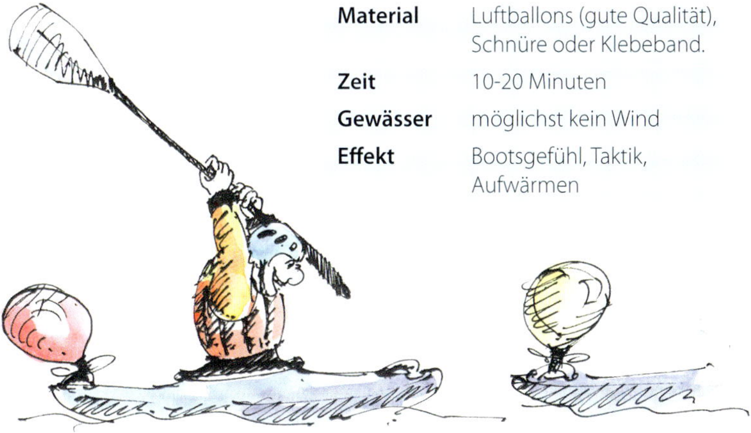

Jeder Spieler bekommt an sein Heck (und Bug) einen Luftballon angebunden. Ziel ist es, seinen eigenen Ballon durch geschickte Manöver von den Angriffen der anderen zu verteidigen und gleichzeitig die Ballons der anderen kaputtzuschlagen. Die Verteidigung darf NICHT mit dem Paddel erfolgen.

Varianten

- Als Mannschaftsspiel mit Ballons in verschiedenen Farben.
- "Einer gegen einen" oder „zwei gegen einen" – hier zeigen sich die wahren Geschicklichkeitspaddler.
- Bei Windstille treiben die Ballons frei auf dem Wasser. Jeder darf versuchen so viele wie möglich zu zerschlagen. Lasst Euch überraschen wie schwierig das ist. Jeder, der einen Ballon zerschlägt, muss natürlich den Müll „aufheben" – nur der zählt!

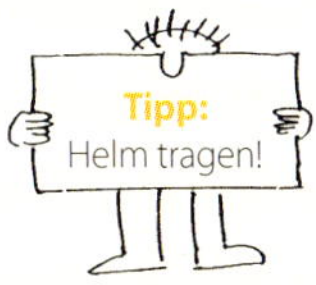

RITTERSPIELE

Material	Paddel, Boote, Schwimmwesten, Gurte oder Schnüre.
Alter	ab 8 Jahren
Zeit	20-40 Minuten
Gewässer	See, Ufernähe
Wetter	sonnig und warm
Effekt	Bootsgefühl, Wassergewöhnung, Technik

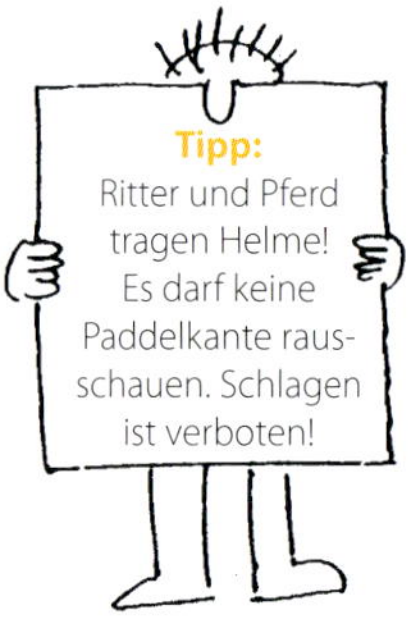

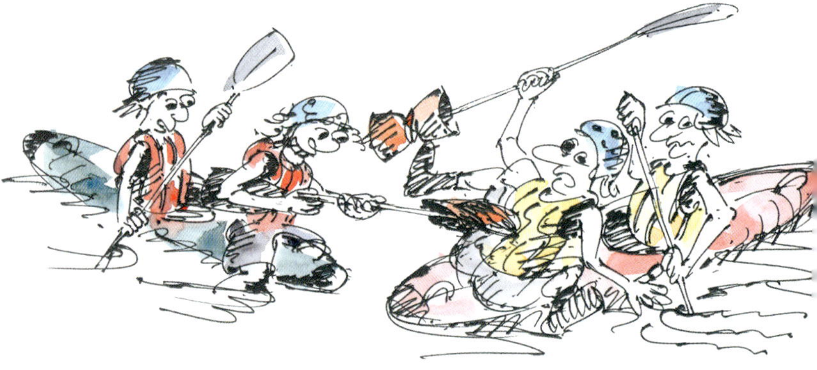

Zwei Pferde (Paddler) paddeln mit je einem Ritter auf dem Vorderschiff aufeinander los. Die Ritter benutzen ihr Paddel als Lanze. Jede Lanze wird mit je zwei Schwimmwesten an der Lanzenspitze abgepolstert. Wer sich am längsten auf dem Pferd hält, gewinnt.

Varianten

- Kann als kleines Ritterturnier veranstaltet werden.
- Anstatt Lanzen können auch Wasserbomben (Luftballons mit Wasser gefüllt) verwendet werden.

BOOTSLAUF

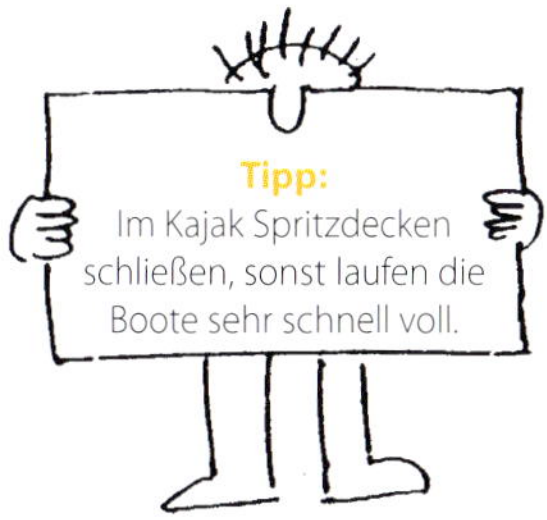

Material	Boote, Spritzdecken fürs Kajak
Spieler	ab 5 Spieler
Zeit	10-20 Minuten
Gewässer	tiefes Wasser
Effekt	Bootsgefühl, Kommunikation

Die Spieler liegen mit ihren Booten dicht nebeneinander. Die Paddel werden dazwischen oder ganz außerhalb des Spielfeldes abgelegt. Wie ein Reißverschluss greift jeder mit einer Hand sein Nachbarboot am Süllrand. Jetzt steigen ein oder zwei Spieler aus ihren Booten aus, laufen einmal im Kreis über alle anderen Boote hinweg, bis sie wieder in ihren eigenen Booten sitzen.

Variante: Kann auch als Wettrennen (nur mit Kajaks!) veranstaltet werden.

RETTUNGSINSEL

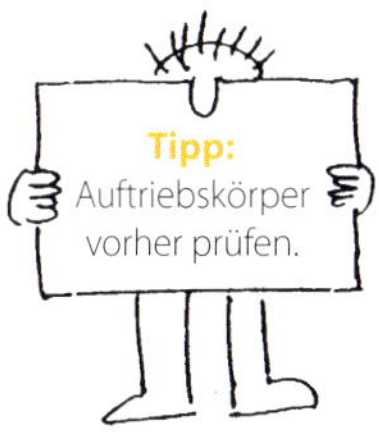

Material	nur PE Boote
Spieler	ab 4 Spieler
Gewässer	See, Schwimmbad, tiefes Wasser
Zeit	5-20 Minuten
Effekt	Bootsgefühl und Kommunikation

Hier versuchen möglichst viele Personen auf / in ein Boot (Kajak) zu kommen, ohne zu kentern. Mit kleinen Zusatzaufgaben kann die ohnehin schon wackelige Angelegenheit noch verschärft werden, z.B. darf keiner nasse Füße bekommen oder alle müssen stehen oder auf dem Süllrand sitzen, usw.

BOOTSTAUSCH

Material	Boote und Paddel
Zeit	15 Minuten
Gewässer	Ufernähe
Effekt	Bootsgefühl, Taktik

Zwei Spieler tauschen ihre Boote auf dem Wasser ohne den Grund oder das Ufer zu berühren. Im Kajak müssen dann auch die Fußstützen auf den neuen Bootsinsassen exakt eingestellt werden.

PADDEL-KLAU

Material	Boote. Canadier nur geeignet, wenn diese schmal geschnitten sind, bzw. der/die Person/en nahe der beiden Bordwände platziert werden kann/können.
Gewässer	See oder Fluss
Effekt	Bootsgefühl, Wassergewöhnung

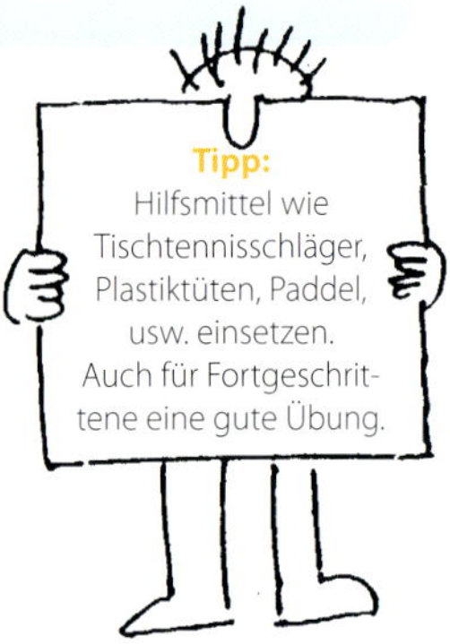

Paddeln nur mit Händen ist eine Grundform beim Lernen und Spielen mit dem Kanu.
Diese nimmt den „Störfaktor" Paddel weg und gibt eine direkte Rückmeldung über das Verhalten Paddler / Boot / Wasser.

Hier eine kleine Auswahl von Möglichkeiten, wie diese Spielform einzusetzen ist:

- Auf einem begrenzten Feld paddeln ohne die anderen zu berühren.
- Zielfahren rück- und vorwärts.
- Blind fahren und Richtung beibehalten.
- Alle Fang- & Ballspiele können auch ohne Paddel durchgeführt werden.

HAUBENTAUCHER

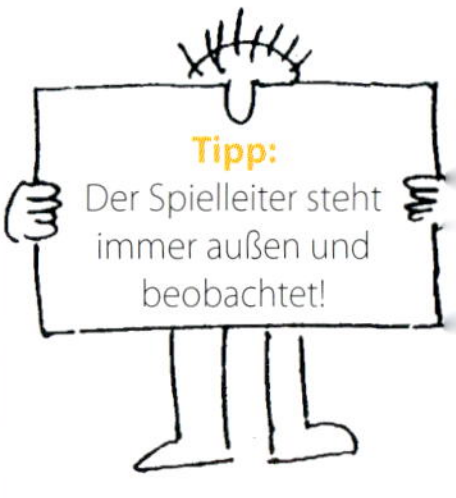

Material	Boote, evtl. Taucherbrillen
Zeit	10-20 Minuten
Gewässer	klares, sauberes, stehendes Gewässer
Wetter	warm
Effekt	Wassergewöhnung, Kommunikation, Ökologie

Die Grundidee ist, in den „Lufthöhlen" der umgedrehten Boote zu atmen. Jetzt kann nach Belieben variiert werden:

- Boote parallel in ca. 2 Meter Abstand auslegen. Jetzt taucht jeder von Boot zu Boot.
- Geheime Nachrichten oder kleine Stärkungen (Schokolade) in den Luken verstecken.
- Versteckspiel.
- Staffel mit verschiedenen Abständen der Boote.

HAUBENTAUCHERFAMILIE

Material	Boote, evtl. Taucherbrillen
Zeit	10-20 Minuten
Gewässer	klares, sauberes, stehendes Gewässer
Wetter	warm
Effekt	Wassergewöhnung, Kommunikation, Ökologie

Mehrere Boote treiben mit der offenen Seite/Luke nach unten im See. Papa Haubentaucher ist mit seinem eigenen Boot unterwegs. Da Gefahr durch Raubvögel droht, darf maximal ein Küken an der Oberfläche sichtbar sein. Natürlich ist es an der Oberfläche angenehmer als in den stickigen Verstecken und so versuchen die „Kleinen" immer wieder hochzukommen. Papa dirigiert jeden „Auftaucher" sofort wieder in ein freies Versteck.

Variante: In den Verstecken finden die Küken verschiedenstes Futter in kleinen Plastiktüten (Gummibärchen, Nüsse, . . .).

HAUBENTAUCHERJAGD

Material	ein Boot weniger als Mitspieler
Zeit	10 Minuten
Gewässer	See, Schwimmbad, warmes Wasser
Effekt	Wassergewöhnung, Kommunikation, Ökologie

Als Kennenlernspiel:
Ein Spieler ist ohne Boot. Alle anderen stecken mit den Köpfen unter den kopfüber gedrehten Booten.
Der einsame Haubentaucher möchte die anderen Haubentaucher kennenlernen und taucht zu diesem Zweck in die Luke eines beliebigen Bootes, stellt sich vor („Ich bin . . ."). Jetzt muss leider der „Alteingesessene" seine Sauerstoffinsel verlassen und ohne aufzutauchen (oder auch mit Auftauchen) eine neue Luke suchen und sich vorstellen. Dies geht so lange, bis jeder jeden kennt.

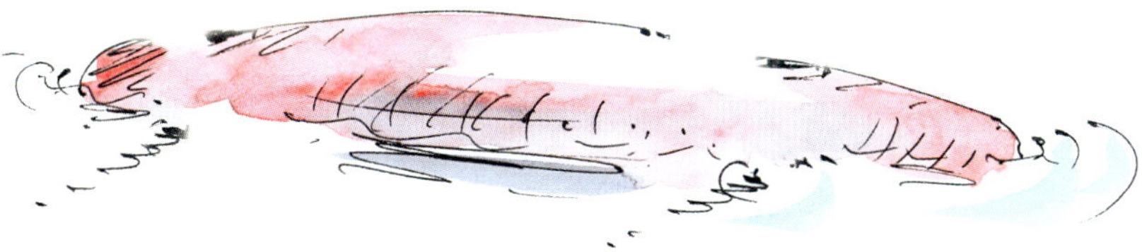

HEBEBALLON

Material	Boot, Gewichte
Zeit	meist länger als erwartet
Gewässer	Hallenbad
Effekt	Wassergewöhnung, persönliche Herausforderung

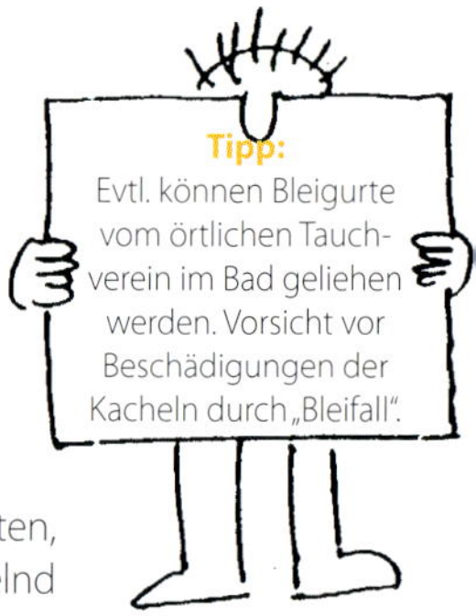

Ein Kajak wird mit Zusatzgewichten, Luke nach unten, im Wasser versenkt. Die Spieler tauchen abwechselnd zum „Wrack" und befüllen es nach und nach mit ihrer Atemluft bis das Boot an die Wasseroberfläche kommt.

Variante: Auch als Wettkampf zwischen 2 Gruppen.

FLEDERMAUS UND MOTTE

Material	Paddelausrüstung, Tuch
Spieler	ab 8 Spieler
Gewässer	See
Zeit	10 Minuten
Effekt	Aufwärmen, Bootsgefühl

Zwei Spieler (Fledermaus und Motte) bekommen die Augen verbunden. Die anderen gruppieren sich in ihren Booten in einem großen Kreis um diese beiden und bilden die Höhlenwand. Die Fledermaus versucht nun, in der ach so dunklen Höhle die Motte (oder mehrere Motten) zu fangen, indem sie so oft piepst (Ultraschallwellen) wie es notwendig ist, die Motte(n) zu lokalisieren. Daraufhin muss die Motte(n) unmittelbar mit einem leiseren Pieps antworten, darf aber ihre Position verändern. Jetzt beginnt die Jagd! Die Fledermaus versucht nun alle Motten zu fangen.

SCHAUFELRADDAMPFER

Material	Paddel, evtl. Schwimmweste
Zeit	5-20 Minuten
Effekt	Wassergewöhnung, Technik

Die Mitspieler greifen ihr Paddel wie zum normalen Bootfahren – nur das Boot bleibt am Ufer. Jetzt

können erste Schwimmversuche mit dem neuen Hilfsmittel unternommen werden.
Wenn jeder die ersten Versuche hinter sich hat, kann man verschiedene Varianten einbauen, z.B. Synchronschwimmen, Tempowechsel, Hindernisparcours zurücklegen, Staffel, Wettrennen usw.

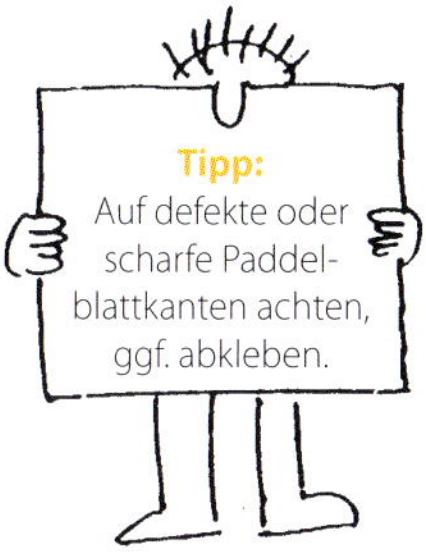

HANG-OVER

Material	2 Personen je Boot
Gewässer	hüfttiefes, stehendes Gewässer
Effekt	Wassergewöhnung, persönliche Herausforderung

Dieses Spiel bereitet in idealer Form auf die Eskimorolle vor und ist für Einsteiger geeignet zum Angstabbau beim Kentern. Ein Spieler lässt sich mit dem Boot umkippen und muss eine Zahl, die vom Partner unter Wasser gezeigt wird, erkennen. Nach dem Aussteigen und Auftauchen teilt er diese dem Partner mit.

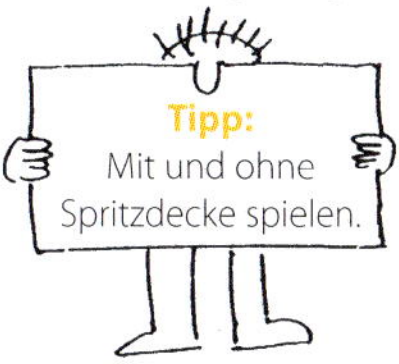

Variante: Der Partner hilft dem Paddler wieder hoch oder dieser steigt kontrolliert aus. Vor allem sinnvoll in Verbindung mit dem Hüftknick.

RUSSISCH ROULETTE

Spieler	bei mehr als 8 Spielern besser 2 Gruppen bilden
Alter	ab 10 Jahren
Zeit	10-15 Minuten
Effekt	Bootsgefühl, Wassergewöhnung, persönliche Herausforderung

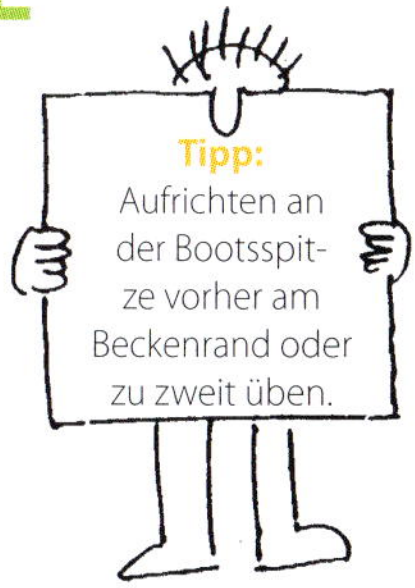

Die Spieler gruppieren sich mit den Kajaks im Kreis.
In der Mitte befindet sich ein Spieler ohne Paddel, der sich umkippen lässt. Durch Klopfzeichen (Handzeichen) gibt er den Rettern bekannt, dass es an der Zeit ist gerettet zu werden. Der am nächsten stehende Retter bietet dem Gekenterten die Bootsspitze zum Aufrichten an.

BOOT VERSENKEN

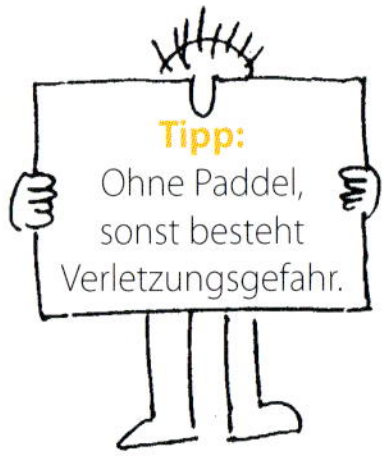

Material	Boot, Spritzdecke
Spieler	ab 5 Spieler
Zeit	10-20 Minuten
Gewässer	ufernah, stehendes Gewässer
Effekt	Bootsgefühl, Wassergewöhnung, Kommunikation

Ein Boot (Kajak) hat ungefähr 300 Liter Auftrieb. Wie viele Spieler sind notwendig, um es komplett unter Wasser zu drücken? Einer sitzt dabei mit geschlossener Spritzdecke im Boot. Scheitert der Versuch und der Paddler kippt um, so helfen alle dem tapferen Paddler wieder hoch. Kindern macht es auch Riesenspaß, wenn Du als Spielleiter im Boot sitzt und sie versuchen Dich zu versenken. Ist das Gewicht nicht ausreichend, so kann mit etwas Zusatzwasser nachgeholfen werden. Den Versuch mit einem Canadier durchzuführen ist sicher auch spannend.

SOZIUS

Zeit	ab 10 Minuten
Gewässer	ufernah, stehendes Gewässer
Effekt	Bootsgefühl, Technik, persönliche Herausforderung

Nachdem die Spritzdecke geöffnet wurde, rutscht jeder vorsichtig mit dem Hintern auf den Süllrand. Die Beine bleiben dabei ins Boot gestreckt. Mit erhöhtem Schwerpunkt und erhöhter Aufmerksamkeit kann dann jeder weiterpaddeln. Gegenseitige Hilfestellung beim „Hochrutschen" ist von Vorteil. Diese Ausgangsstellung kann dann vom Spielleiter beliebig mit verschiedenen Varianten ausgebaut werden: Ball zuwerfen, Hindernisse überwinden, Karambolage, Wettrennen usw.

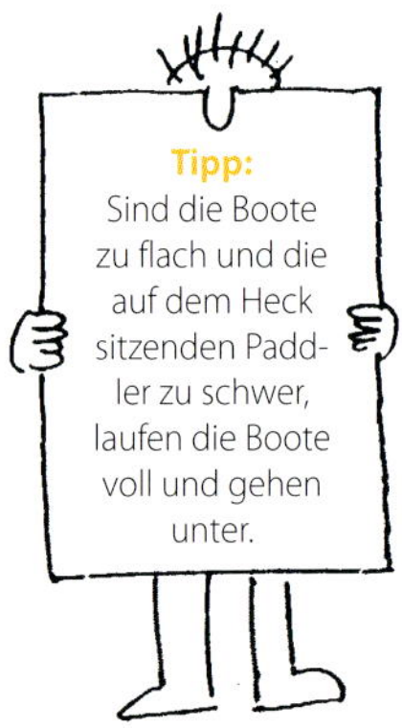

Variante: Kann auch gut in fließendem Gewässer gemacht werden.

NOLI ME TANGERE

Materiel	Boote, Wurfsack, Ball.
Spieler	mindestens 5 Spieler, je mehr desto besser.
Alter	ab 10 Jahren
Zeit	5-15 Minuten
Effekt	Bootsgefühl, Kommunikation, Aufwärmen

Die Spieler bilden mit den Booten einen Kreis. Die Spitzen zeigen zueinander. Jetzt fassen sich alle an den Händen und versuchen sich gegeneinander an einen Gegenstand (Wurfsack, Ball), der in der Mitte des Kreises liegt, heranzuziehen.

SKIJAK

Zeit	15 Minuten
Gewässer	tiefes Wasser, (im flachen Wasser Verletzungsgefahr)
Effekt	Bootsgefühl, Kommunikation, persönl. Herausforderung

Zwei Spieler legen nebeneinander längsseits an, steigen mit je einem Bein in die Sitzluke des Mitspielers (auch Soloboot oder Canadier) und stehen nun vorsichtig auf. Jetzt kann jeder sein Paddel am äußersten Ende fassen und versuchen, gemeinsam eine Strecke zurückzulegen.

Varianten: Als Staffel oder Skijak-Rennen.

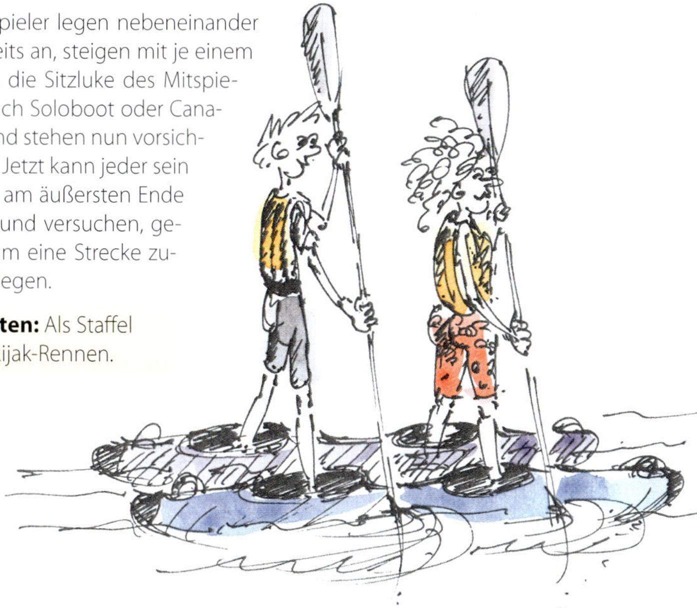

U-BOOT

Material	Boote, Paddel
Zeit	20 Minuten
Effekt	Bootsgefühl, Wassergewöhnung

Variante: Mit einem komplett gefluteten Boot lässt sich die Eskimorolle sehr leicht ausführen, aber nicht gut stabilisieren.

Wassereinbruch unter Deck!
Die Boote werden geflutet und die Weiterreise bekommt eine neue Dimension. Je nach Wassermenge und Luftsackfüllung kann das Boot bis hin zu einem U-Boot präpariert werden. Dies kann auch als Erschwernis für andere Spiele oder heterogene Gruppen verwendet werden.

ZOO

Material	Canadier
Spieler	ab 6 Spieler
Effekt	Auflockern, Kennenlernen, Zusammenarbeit, Balancegefühl

Bildet ein Floss mit Euren Canadiern durch gegenseitiges Halten an den Händen oder Süllrändern (Achtung: keine Finger, Hände, usw. zwischen zwei aneinanderliegende Süllränder – erhebliche Verletzungsgefahr!).
Gebt jeweils der gleichen Anzahl Mitspielern verschiedene Tiernamen (z.B.: 3x Elefant, 3x Giraffe, 3x Krokodil, usw.), wobei die verteilten „Tiere" möglichst in unterschiedlichen Booten sitzen sollten. Auf Euren Ruf hin (z.B. „Giraffe"), stehen alle „Giraffen" auf und wechseln die Plätze, usw.
Auf den Ruf „ZOO" hin, wechseln ALLE ihre Plätze.

BALANCEAKT

Material	Boote, Paddel
Effekt	Kommunikation, Koordination, Vertrauen, pers. Herausforderung

A. Beide Paddler sitzen sich in der Mitte des Bootes gegenüber (Rücken jeweils an der Bordwand). Nun setzen sich beide auf den Süllrand – mit den Händen am Süllrand haltend – und lehnen sich gleichzeitig mit dem Oberkörper so weit wie möglich nach außen, ohne das Boot kentern zu lassen.

B. Ähnliches funktioniert auch unter Zuhilfenahme der Paddel (durch weite Paddel-und Oberkörperauslage).

C. Beide stehen breitbeinig im Boot und versuchen dieses durch Gewichtsverlagerung auf jeweils ein Bein möglichst weit auf die Kante zu legen.

D. Zwei Paddler stehen sich im Boot gegenüber. Im Wechsel machen sie möglichst ausgefallene Bewegungen, die der andere nachmachen soll.

TEAMWORK

Material	Boote, Paddel
Effekt	Kommunikation, Koordination, Vertrauen, Herausforderung

Kommunikation und Koordination beider Paddler sind eine gute Basis, damit`s auch mit der Technik und Taktik im Tandemcanadier gut klappt.

Spiele zu diesem Thema:

A. Beide verlassen ihre Sitze und bewegen sich in Richtung Bootsmitte.

B. Die Paddler drehen sich abwechselnd oder auch gleichzeitig auf ihren Sitzen, bzw. verlassen diese und setzten sich bootsmittig gegenüber. Anschließend paddeln sie das Kanu in eine definierte Richtung.

C. Einer der beiden Paddler paddelt mit geschlossenen Augen.

D. Einer oder auch beide paddeln im Stehen.

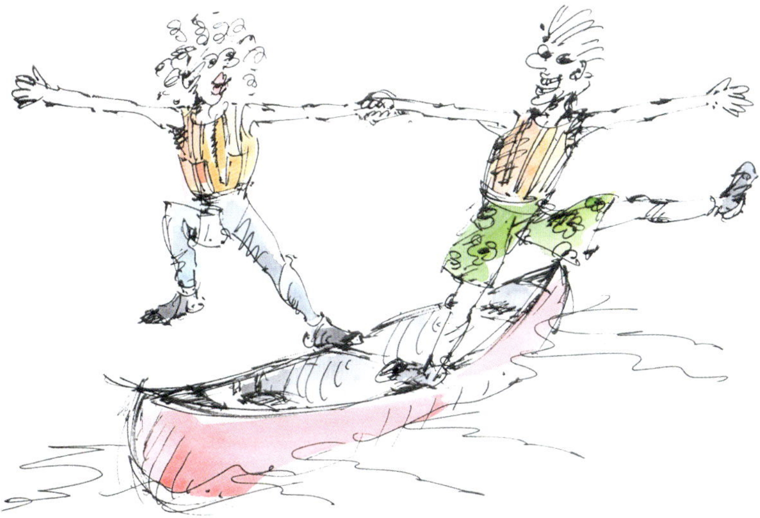

STEH DUMM RUM

Material	Boote
Zeit	10-15 Minuten
Gewässer	mindestens hüfttiefes Wasser
Effekt	Bootsgefühl, persönliche Herausforderung

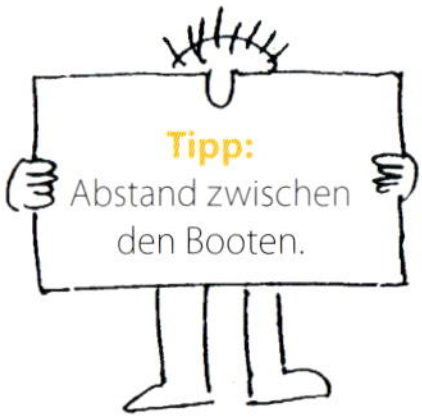

Die erste Herausforderung besteht schon einmal darin, im Boot aufzustehen. Mit einiger Übung gelingt dies aber sehr gut. Die beste Position im Kajak ist dabei meist auf dem Sitz, im Canadier auf dem Bootsboden. Die Paddel werden dabei aus Sicherheitsgründen gleich ganz weit weggelegt. Jetzt kann es verschiedene Zusatzaufgaben geben:
Z.B. Auf den Süllrand springen oder das Boot durch Körperschwung drehen, in die Hände klatschen oder sich durch gegenseitiges „Beschwatzen" so aus dem Konzept zu bringen, dass man umkippt.

FALL DUMM RUM

Material	Boote, Seil oder Wurfsack
Zeit	10-15 Minuten
Gewässer	mindestens hüfttiefes Wasser
Effekt	Bootsgefühl, pers. Herausforderung

Spielaufbau wie – STEH DUMM RUM – nur versuchen sich 2 Spieler mit einem Seil (Wurfsack), wie beim Tauziehen umzuziehen oder durch geschicktes Nachlassen den anderen mit seinen eigenen Waffen zu schlagen.

QUIRL

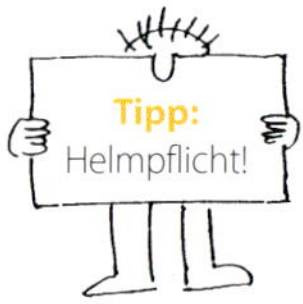

Material	3 Spieler je Boot
Alter	je nach Kraft
Zeit	10 Minuten
Gewässer	hüfttiefes, stehend. Gewässer
Effekt	Bootsgefühl, persönliche Herausforderung, Ökologie

Wie bringen wir wieder Sauerstoff ins Wasser? Ganz klar durch einen Quirl. Hierzu lassen zwei Spieler einen Paddler so schnell um die Bootslängsachse rotieren, wie dies eben möglich ist.

AERODROM

Material	ein Boot
Spieler	ab 5 Spieler
Alter	ab 12 Jahren
Zeit	15 Minuten
Gewässer	hüfttiefes, stehendes Gewässer
Effekt	Bootsgefühl, Kommunikation, persönliche Herausforderung

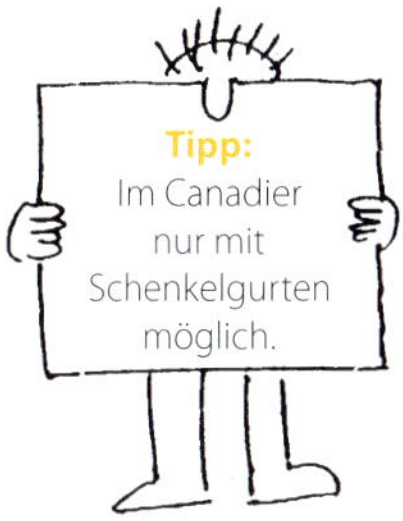

Alle Spieler stehen im hüfttiefen Wasser, nur „Heiner" sitzt im Einer. Jetzt lässt Heiner sich kentern und wird zum Luftholen von den Kollegen am Boot, ohne ihn anzufassen, komplett hochgehoben und genauso vorsichtig wieder abgelassen! Heiner weiß jetzt was es bedeutet, sich im Boot zu verspreizen und guten Bootskontakt zu haben. Reihum kommt jeder mal dran.

ACHTUNG: Fängt der Paddler an aus dem Boot zu rutschen – dann sofort wieder runterlassen oder ihn an der Schulter unterstützen. Sonst besteht Verletzungsgefahr.

RÖMISCHES WAGENRENNEN

Alter	ab 10 Jahren
Zeit	10-15 Minuten
Gewässer	stehendes, tiefes Gewässer, kein felsiger Untergrund
Effekt	Kommunikation, Bootsgefühl

Zwei Paddler transportieren eine stehende Person in zwei Kajaks oder einem Canadier. Bei den Kajaks steht die Person je mit einem Fuß kurz hinter dem Süllrand eines jeden Bootes. Aufrecht wie ein römischer Gladiator, die Köpfe als Zügel, dirigiert er nun das Gespann wohin er will. Die „Pferde" versuchen durch abgestimmtes Paddeln den Anweisungen zu folgen. Im offenen Canadier steht der Streitkämpfer auf dem Süllrand eines Bootes und die zwei Paddler paddeln im Boot nebeneinander sitzend.

Variante: Gut als Wettkampfspiel geeignet.

STINKENDER FISCH

Material	Boote, Schwamm od. Ball
Spieler	evtl. Gruppe teilen
Zeit	sehr variabel
Gewässer	stehendes Gewässer. Mit Fortgeschrittenen auch am Fluss möglich
Effekt	Bootsgefühl, Taktik, Aufwärmen

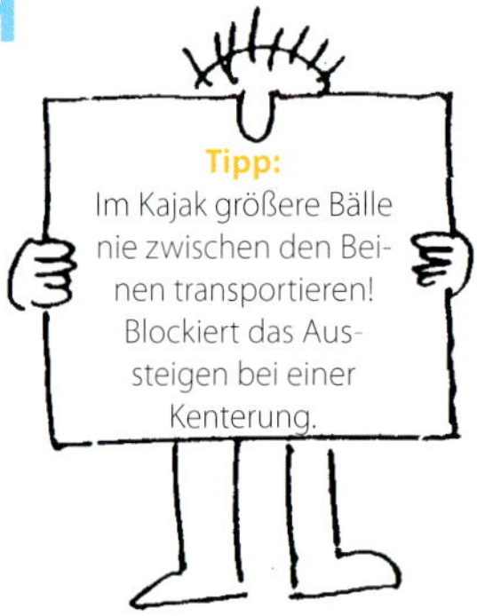

Ein „Schwammfisch", ein Ball oder ein anderer Gegenstand, wird in der Gruppe hin und her geworfen. Jeder möchte natürlich nur so kurz wie möglich Kontakt zu dem Fisch haben. Diese Grundform eines Ballspiels kann natürlich beliebig ausgebaut und variiert werden. Siehe hierzu auch das Kapitel „Kanupolo".

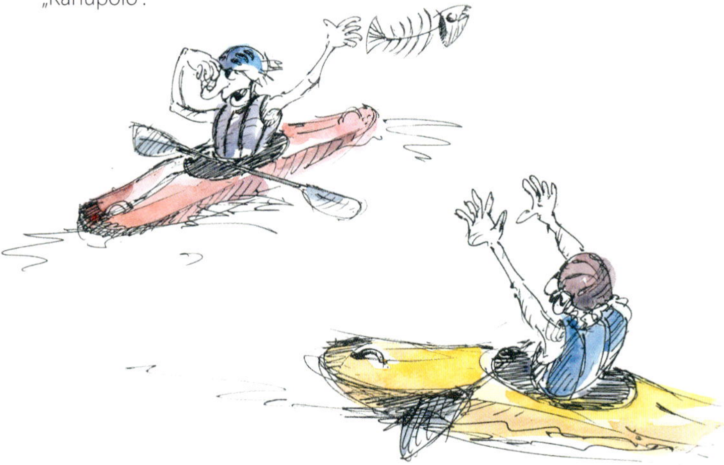

Spiele zur Eskimorolle

Als Boote sind Kajaks und gut ausgestattete Wildwassercanadier geeignet. Spiele zur Eskimorolle funktionieren nicht mit offenen Tourenbooten.
Alle bereits aufgeführten Spiel- und Übungsformen zur Bootsgewöhnung eignen sich hier. Denn alles, was den Umgang mit der Kippeligkeit

der Boote sowie dem guten Halt im Boot verbessert, passt zum Thema. Besondere Beachtung finden jedoch Spiele zur Orientierung unter Wasser mit und ohne Boot. Dabei können Bücher zum Thema Anfänger-Schwimmen (Wassergewöhnung) gute zusätzliche Anregungen bieten. Je spielerischer mit dem Thema „Rolle“ verfahren wird, desto weniger Angst und Vorbehalte werden aufgebaut.

Achte dabei von Anfang an auf das Öffnen der Augen unter Wasser (Orientierungshilfe) und auf das rechtzeitige Ausatmen (als Voraussetzung zum schnellen Einatmen zwischen Rollversuchen).

Viele der Spiele können sehr einfach variiert werden, indem man die Hilfsmittel zum Eskimotieren verändert: In abnehmender Reihenfolge bieten Bootsspitze, Hände eines Paddlers, Schwimmbrett, „Schwimmhandschuhe“ (werden beim Schwimmen zum Vergrößern der Handflächen eingesetzt), Ball, immer weniger Widerstand. Die Aufgabe wird damit anspruchsvoller, das Spiel unter Umständen plötzlich selbst für alte Hasen zur Herausforderung. Einfach ausprobieren!

Oft weckt das Spielen mit den Booten einen enormen Ehrgeiz, das Eskimotieren selbst zu lernen. Schaut es doch so einfach aus bei den Könnern. Die Teilnehmer wollen dann plötzlich so schnell wie möglich zum Erfolg. Damit Du auch dafür gerüstet bist, haben wir ans Ende des Kapitels einen Vorschlag für eine methodische Spiel- und Übungsreihe gestellt.

Warmes und klares Wasser erleichtert den Lernfortschritt und erhöht den Spaß beträchtlich.

UNTERWASSERTHEATER

Zeit	5-10 Minuten
Gewässer	klares Wasser
Effekt	Wassergewöhnung

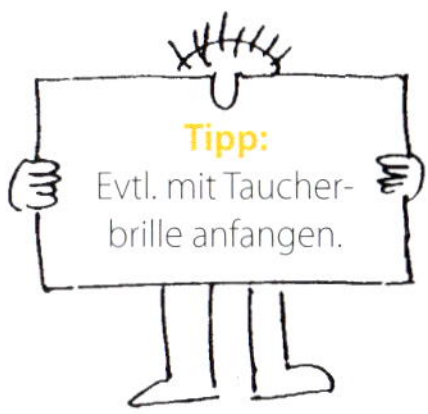

Die Spieler stellen sich im Wasser im Kreis oder paarweise auf. Jetzt werden unter Wasser Zeichen weitergegeben oder Gegenstände müssen erkannt werden. Ziel ist es, die Angst unter Wasser abzubauen, bewusst die Augen zu öffnen, auszuatmen und zu erkennen, wie lange es möglich ist zu verweilen. Viele Varianten sind hier denkbar.

FALLRÜCKZIEHER

Material	Boot
Effekt	Wassergewöhnung, persönliche Herausforderung

James Bond muss flüchten und darf nicht erkannt werden: Wer kann unter Wasser in sein umgedrehtes Boot einsteigen?
Zuerst mit dem Kopf (Blick zum Heck) in die Luke tauchen, dann mit beiden Händen am Süllrand greifen und mit einer Rolle rückwärts einsteigen.

Variante: Als Steigerung
... mit Antauchen vom Beckenrand aus,
... mit anschließender Rolle.

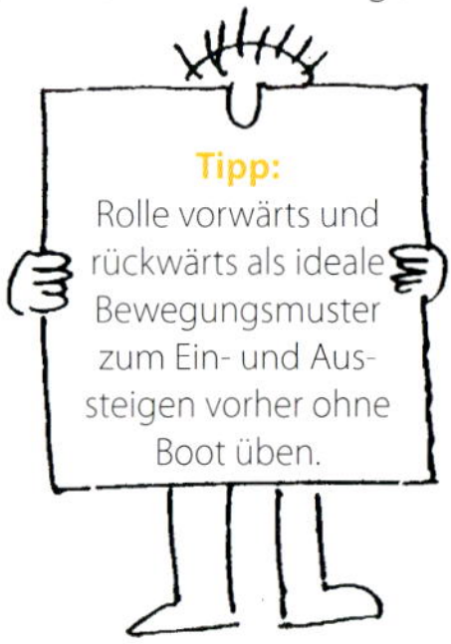

NOTAUSGANG

Material	Boot
Effekt	Wassergewöhnung, persönliche Herausforderung

Nach einer Kenterung wird kontrolliert aus dem Boot ausgestiegen. Erst ohne, dann mit Spritzdecke und Paddel (festhalten). Bei Anfängern steht eine Vertrauensperson neben dem Spieler im Wasser.

Varianten

- Vor dem Aussteigen noch Aufgaben erfüllen z.B. zählen mit den Fingern, Klopfzeichen, Spritzdecke öffnen und wieder schließen etc.).
- Auch unter Zug (Seil oder Gummischnur) ausprobieren, um eine Strömung zu simulieren.

AGENTEN-TAUSCH

Agenten auf der Flucht! Als irreführendes Manöver werden die Spiele „Notausgang" und „Fallrückzieher" kombiniert, um so unter Wasser die Boote zu tauschen.

Variante: Mit Atempause in der neuen, eingetauschten Luke. Mit größeren Gruppen auch als Staffel möglich.

BLOW HOLE

Material	Boot
Effekt	Technik

Wer kann das größte Loch auf die Wasseroberfläche blasen? Es zählt aber nur, wenn Du Dich dabei aus der eingenommenen Position wieder aufrichten kannst.

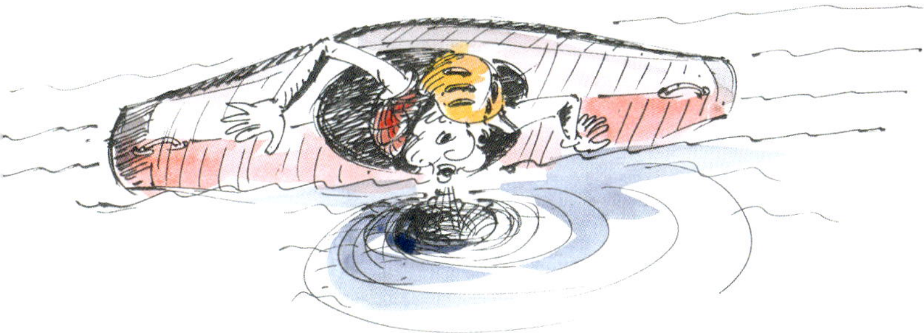

SCHWIMMOTIEREN

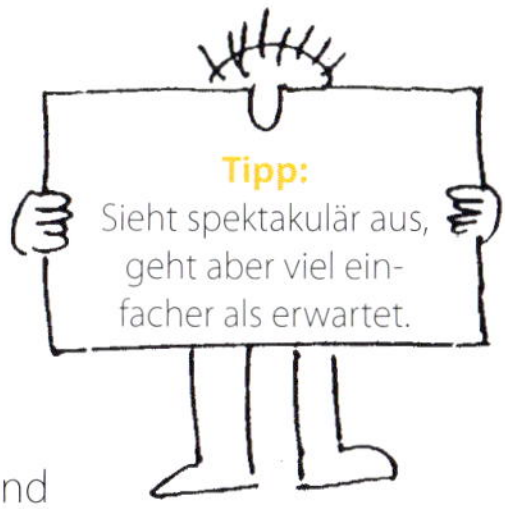

Material	Kajak ohne Paddel
Effekt	Wassergewöhnung, persönliche Herausforderung

Für dieses Spiel werden die Luftsäcke entleert und die Spritzdecke bleibt offen. Jetzt wird das Boot vollständig geflutet. Du kannst ja schwimmen, also ganz cool sitzen bleiben und sich sozusagen „mit Schwimmbewegungen um das Boot herum drehen". Das geht mit verschiedenen Armbewegungen (Brust oder Hundekraul) und mit verschiedenen Oberkörperlagen (Vor-, Neutral-, Rücklage).

RETTE SICH WER KANN

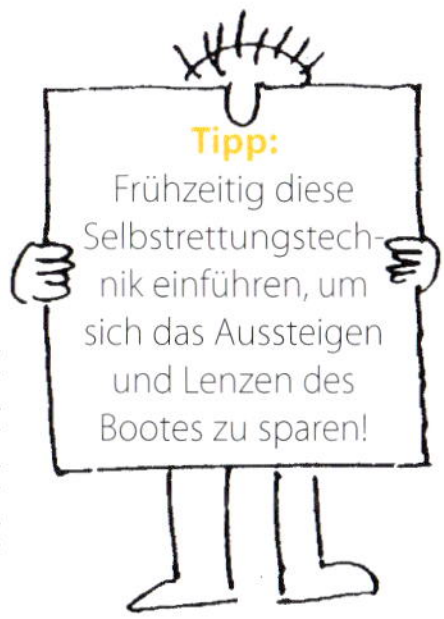

Effekt	Wassergewöhnung

Wieder hat es mit der Rolle nicht geklappt. Also Plan B und losschwimmen. Mit dem Boot am Körper – Spritzdecke geschlossen – sieht das recht ulkig aus und funktioniert aber besser als Du denkst.

U-BOOT-ROLLE

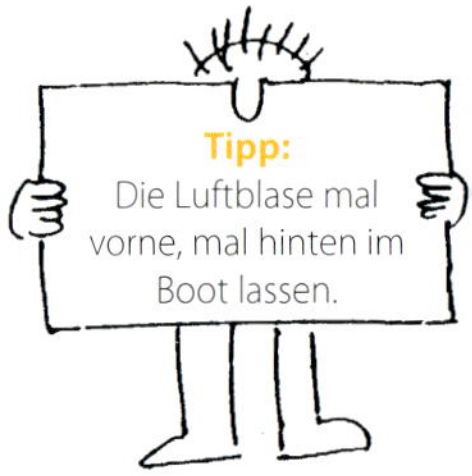

Material	Paddel, Boot ohne Spritzdecke
Effekt	Technik, Sicherheit, persönliche Herausforderung

Eine Monster-Walze hat die Spritzdecke weggerissen. Das Boot ist zu 2/3 mit Wasser vollgelaufen. Jetzt heißt es cool bleiben und trotzdem stabilisieren und notfalls rollen (durch den tieferen Schwerpunkt geht das viel einfacher).

Variante: „Wassereinbruch", die Spritzdecke wird erst unter Wasser gelöst.

TURBO-ROLLE

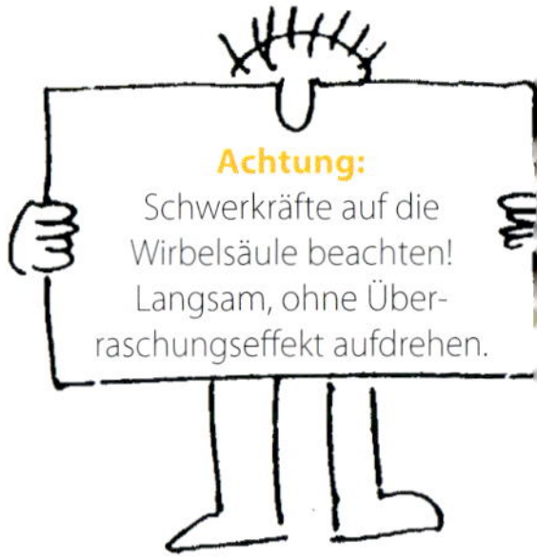

Spieler	3 Spieler je Boot
Alter	ab 12 Jahren
Zeit	10 Minuten
Effekt	Bootsgefühl, Wassergewöhnung, persönliche Herausforderung

Zwei Personen drehen einen Kanuten um die Bootslängsachse. Dies geschieht relativ langsam. Unten wird eine Pause eingelegt. Dabei sollen verschiedene Oberkörper-Positionen erprobt werden (Vor-, Neutral-, Rücklage).

Variante: In der „Unterwasserpause" müssen kleine Aufgaben erledigt werden: Zeichen geben, klopfen, wechseln der Lage, Gegenstände neben dem Boot ertasten, . . .

SEILWINDE

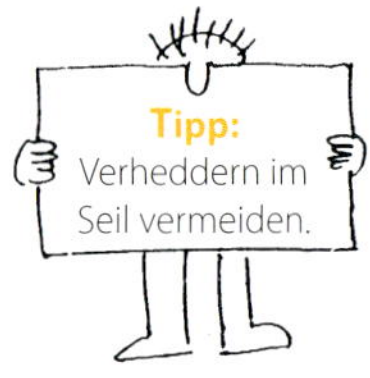

Material	Seil (Wurfsack)
Alter	ab 10 Jahren
Effekt	Technik, Taktik

Ausführen der Eskimorolle während das Boot mit Hilfe eines Seils gezogen wird (rückwärts, vorwärts, seitwärts). Die Umlenkung des Seils über einen Startblock erleichtert eventuell eine gute Zugrichtung.

ROLL-ZECK

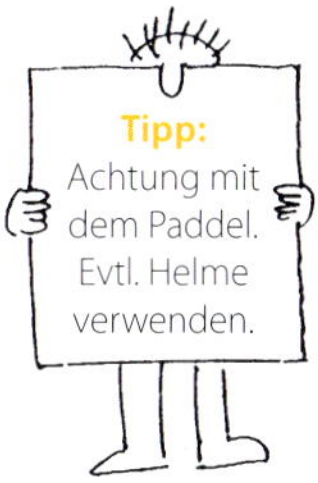

Material	Paddel, Boot, Spritzdecke
Spieler	je 2 Spieler ein Boot
Alter	ab 12 Jahren
Effekt	Technik, Taktik, Sicherheit Kommunikation

Auf Expeditionen ist es üblich Gepäck auf dem Bootsdeck zu transportieren. Ein Partner simuliert dieses Gepäck, indem er sich flach auf das Heck legt und festklammert. Als „Rollzeck“ kann er zunächst durch entsprechende Gewichtsverlagerung die Rollbewegung unterstützen, später aber auch stören.

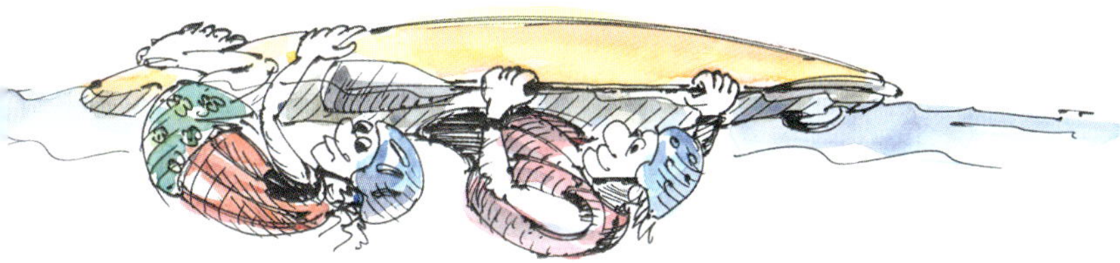

ROLL-STAFFETTE

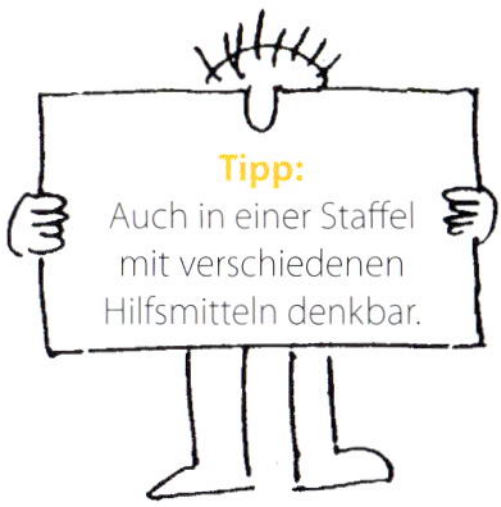

Material	Schwimmbrett, Ball… je nach Können der Spieler
Effekt	Technik, Kommunikation

Mehrere Boote liegen parallel nebeneinander. Die erste Person kentert durch und richtet sich mit Hilfe der Hände des Paddlers im Nachbarboot wieder auf, dann ist dieser dran.
Zwei Gruppen nebeneinander können dies als Staffelwettlauf machen. Aber auch für zwei Paddler ist es eine große Herausforderung.

Variante: Durch Benutzen verschiedener Hilfsmittel ist dieses Spiel auf jeder Könnensstufe sinnvoll (Bootsspitze, Partner-Hände, Schwimmbretter, „Schwimmhandschuhe“, Paddel, Ball, Hände).
Die Hilfsmittel können dabei als Staffelholz dienen!

ROLLEN MACHT FREI

Ein Fänger kann die anderen Paddler durch Berührung versteinern. Durch eine Eskimorolle in unmittelbarer Nähe des Versteinerten könnt Ihr diesen befreien. Je nach Rollvermögen der Gruppe können auch mehrere Fänger eingesetzt werden.

Variante: „Nicht-Roller" können sich an den Händen oder der Bootsspitze des Versteinerten hochziehen.

AMPHIBIEN-ROLLE

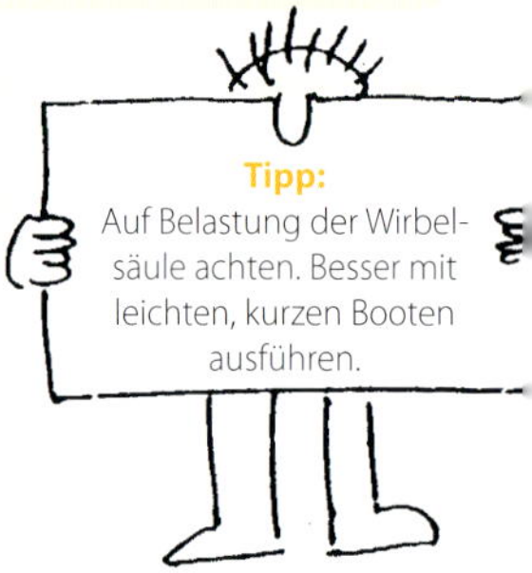

Mit diesem „Ausstieg" könnt Ihr Eindruck schinden, kostet aber etwas Kraft:
Das Boot wird parallel zum Ufer / Beckenrand gestellt. Jetzt stützt ihr Euch mit beiden Händen in eine Liegestützposition und dreht das Boot über die Hüfte auf den festen Untergrund.
Da sitzt Ihr dann ganz cool und schaut wer es nachmachen kann.

ROLLEN-RODEO

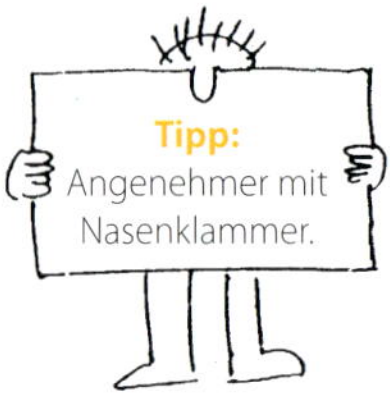

Effekt | Technik

Wie bei den Profis: Du hast 1 Minute Zeit, um alles zu zeigen was Du drauf hast. Wer schafft die meisten Rollen? Alle Stilrichtungen sind erlaubt.

Varianten: Mit Schwimmbrett, Paddelhandschuhen, Händen oder immer im Wechsel rechts / links. Wer zeigt die meisten Roll-Varianten.

SLOW MOTION

Effekt | Technik

Nicht immer geht es um Geschwindigkeit: Wer kann die langsamste Rolle? Aber hier ist nicht langes Abwarten unter Wasser, sondern das Dehnen der Bewegung gefordert.

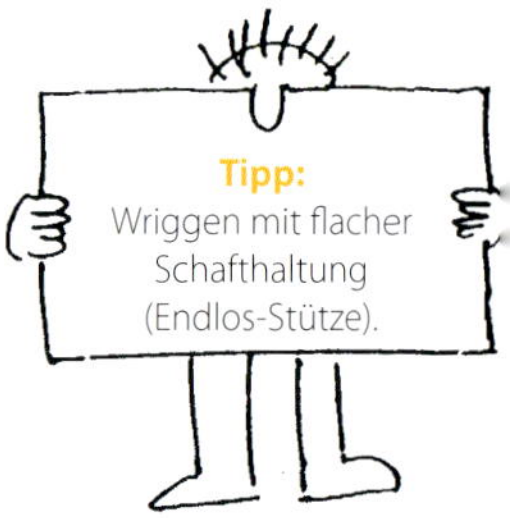

KURT ALBERT SPIEL

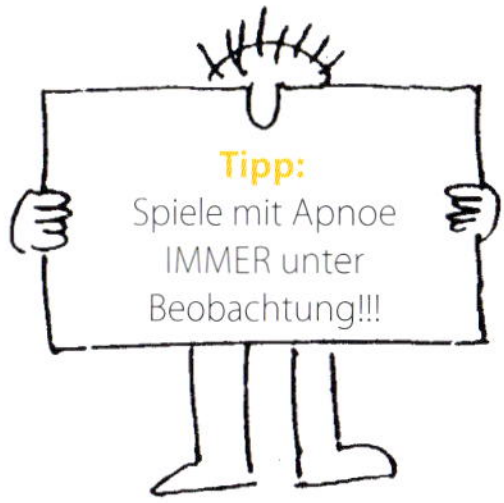

Effekt | persönliche Herausforderung

Wenn Kletterer schon mal Paddeln gehen! Bei Kurt dachten wir lange, dass er gar nicht mehr auftaucht und schon war das Spiel geboren: Alle kentern auf einmal. Jeder testet für sich, wie lange er unter Wasser bleiben kann. (Kommt einfach öfter vor, dass man unter größter Luftnot doch noch die Nerven behalten muss – oder?).

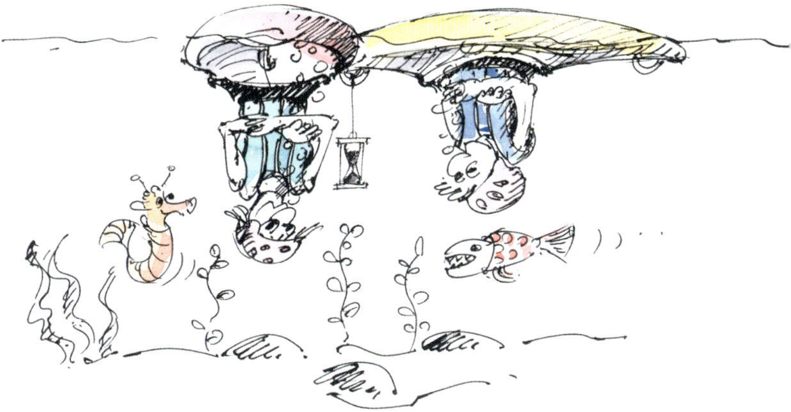

ULKROLLE

Wer kreiert die lustigste Rolle z.B. mit dem ungewöhnlichsten Gegenstand oder dem ungewöhnlichsten Bootsersatz (z.B. Luftsack als Boot verwenden)? Materialien aus der Umgebung mit einbeziehen!

HANDICAP

Effekt | Technik

Das Paddel wird verdreht gehalten und muss vor dem Rollen unter Wasser ausgerichtet werden.

Varianten:

- Das Paddel muss umgedreht werden (Hände tauschen die Griffstellen).
- Das Paddel liegt neben dem Boot, muss gefunden und gefasst werden.

SWITCH

Effekt	Technik

Oh weh, der Super-GAU: Seitlich verhindert eine Felswand das Rollen und vor uns der Baumverhau. Einziger Ausweg ist jetzt die Paddel-Übergabe hintenrum, um dann auf der ungeübten Seite zu eskimotieren.

Variante: Statt übergeben mal rüberwerfen.

WW-SIMULATOR

Spieler	3 Spieler je ein Boot
Effekt	Technik

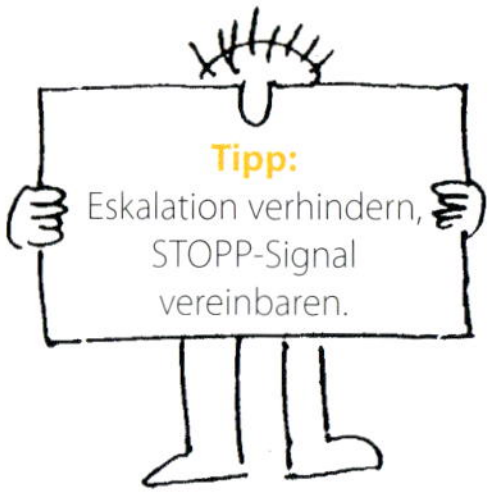

Jetzt geht`s ab! – Die Walze hat uns gepackt und schüttelt uns gründlich durch. Schaffst Du die Rolle trotzdem? Zwei Mitspieler schütteln das Boot kräftig und kentern es dabei immer wieder.

BUNGEEROLLE

Material	Zauberschnüre (lange Gummiseile, gibt es beim Bademeister)
Effekt	Technik

Für die Cracks wird's langweilig im ruhigen Wasser: Ran ans Gummiseil (Zauberschnur), Vollgas wegpaddeln, kentern lassen und auf dem Rückweg eskimotieren.

Variante: Wer schafft zwei Rollen in einem Durchgang? Befestigung verändern (hinten, vorne, seitlich, am Boot, am Körper).

BAD BOOF

Effekt	Technik, Taktik

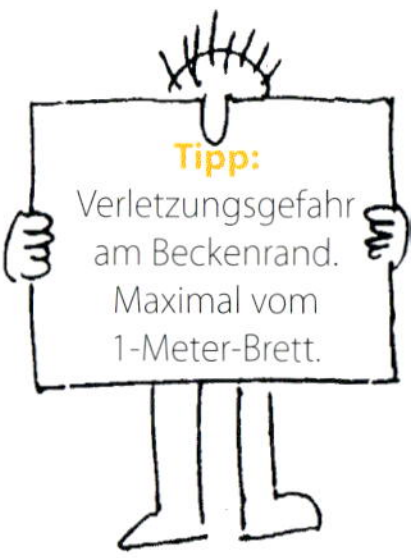

Das war nix. Total abgestürzt und irgendwie kopfüber gelandet. Der Partner darf Dich vom Beckenrand, dem Startblock oder vom Sprungbrett aus ins Wasser kippen – seitwärts, rückwärts, vorwärts. Zeige, ob Du die Orientierung behältst und souverän eskimotierst.

ABSCHUSS

Material	Ball
Effekt	Technik

Ein Ball, der von einem Mitspieler geworfen wird, simuliert einen Ast der Dich, von Dir übersehen, umwirft. Was bleibt Dir anderes übrig als aufzurollen. Dafür darfst Du den nächsten „Ast" (Ball) werfen und einen weiteren Paddler „abschießen".

Varianten:

- Ein- oder mehrere Werfer.
- Unterschiedlich schwierige Ziele anvisieren: Körper, Boot, ...
- Wer den Wurf fängt, hat Glück gehabt.

Methodische Reihe zum Eskimotieren

Verbindet man Spielformen zur Wasser- und Bootsgewöhnung sowie zum Hüftknick in der entsprechenden Reihenfolge, so entsteht eine methodische Reihe zum Eskimotieren.

Dieses Buch soll die entsprechende Literatur (z.B. „Eskimorolle" von Jens Reinhold) nicht ersetzen sondern nur ergänzen.

Vorbemerkungen

- Wenn vorhanden, auch im Schwimmbecken Neopren verwenden. Man bewegt sich wenig beim Technik-Lernen und kühlt schnell aus.
- Guter Halt im Boot ist Voraussetzung. Deshalb sollte jeder sein individuell angepasstes Boot einsetzen.
- Immer auf beiden Seiten üben, mit Fokus auf der „besseren" Seite, um schneller Erfolg zu haben.
- Hilfsmittel wie Schwimmbrille, Taucherbrille, Nasenklammer können Wunder wirken.
- Achte von Anfang an auf das Öffnen der Augen unter Wasser (Orientierungshilfe) und auf das rechtzeitige Ausatmen (als Voraussetzung zum schnellen Einatmen zwischen den Rollversuchen).
- Hohe Belastung der Schultergelenke (vor allem bei schlechter Technik) berücksichtigen und lieber viele kleine Übungseinheiten machen.
- Verschiedene Formen der Rolle schulen und üben. Der Schwerpunkt für Wildwasserpaddler sollten Rollvarianten mit Oberkörpervorlage sein, denn dabei bleibt das Gesicht eher geschützt und die Rolle endet in einer günstigeren Position für weitere Aktionen.

Beispiel einer methodischen Reihe

1. Spiele zur Wassergewöhnung / Bootsgewöhnung
2. Spiele zur Orientierung unter Wasser
3. Kontrolliertes Aussteigen unter Wasser
4. Passive Rolle („Turbo-Rolle")
5. „Schwimmotieren" (vollgelaufenes Boot)
6. Begriffsklärung und verdeutlichen der Bedeutung des Hüftknicks
7. Übungen zum Hüftknick an immer geringerem Widerstand (Beckenrand, Partnerhände, Bootsspitze, Schwimmbrett, Ball, Paddelhandschuh, eigene Hände)
8. Paddelbewegung führen (Kopf zunächst über, dann unter Wasser)
9. Gesamtbewegung mit Führung des Paddels durch einen Partner
10. Gesamtbewegung mit Führung des Paddels durch daran befestigte Auftriebshilfen (Schwimmflügel, Schwimmbrett...)
11. Zielform ohne Hilfe
12. Zielform aus der Bewegung bzw. in der Strömung

Spiele zu Schlagtechniken

Warum dreht sich das Boot ohne erkennbare Bewegung des Paddlers? Warum gleitet das Boot ohne erkennbare Anstrengung des Paddlers? Paddelschläge können demonstriert, erklärt oder korrigiert werden – aber zu einer wirklichen Verinnerlichung kommt es erst nach vielen Kilometern und Hunderten von Wiederholungen. Um in dieser Phase des Übens trotzdem Spaß zu haben, eignen sich Spielformen besonders gut. Schleichen sich während des Spielens gravierende Fehler ein, so sollten diese zeitnah korrigiert werden.

ZIELFAHREN

Effekt	Technik, Ausdauer

Bei den ersten Versuchen, geradeaus zu fahren, konzentrieren sich viele zu sehr auf die Abfolge und Ausführung der Schläge. Hilfreicher ist es jedoch ein Ziel in weiter Ferne zu fixieren. Hat man ein Ziel gefunden, so ist es möglich die Spitze des Bootes und das Ziel mit einer imaginären Linie zu verbinden und sich auf dieser so exakt wie möglich zu bewegen. Als Hilfestellung kann man sich einen Ast als Peilantenne am Bug montieren.

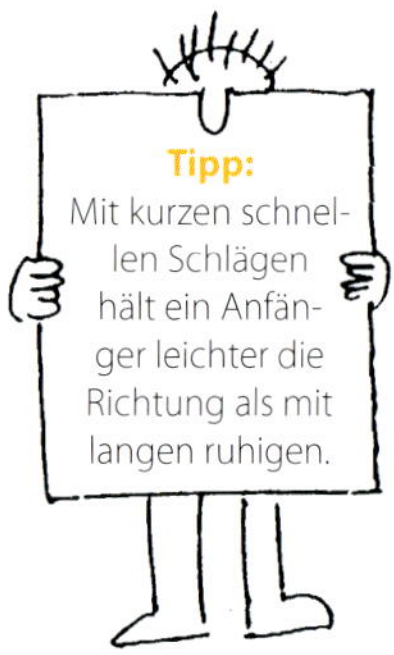

BELGISCHER KREISEL

Spieler	4-6 Spieler je Kreisel
Alter	ab 12 Jahren
Zeit	ab 10 Minuten
Effekt	Technik, Ausdauer

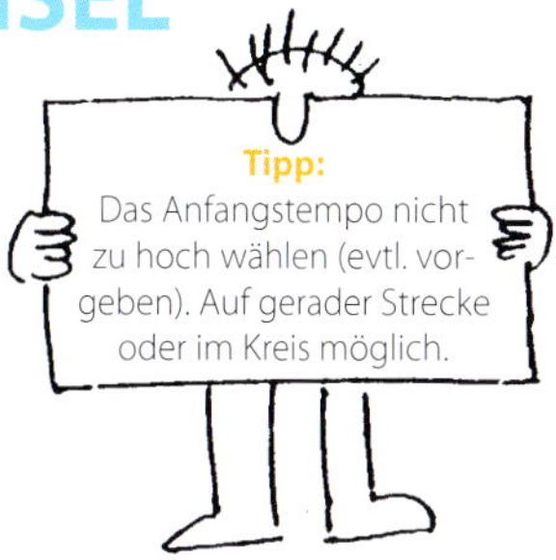

Mehrere Spieler fahren leicht versetzt zueinander auf der Welle des jeweils Vorauspaddelnden. Sobald ein Paddler die Führungsposition erreicht hat, schert er aus und lässt sich bis an die letzte Position zurückfallen. Dadurch kreiselt das ganze Team ständig.

KREISELN

Effekt	Technik, Bootsgefühl

Die Magie des effizienten Paddelschlages – die Spieler versuchen mit möglichst wenigen Paddelschlägen sich im Kreis zu drehen. Jeder zählt dabei seine Schläge.

WETTKREISELN

Effekt	Technik, Bootsgefühl

Zwei Spieler stehen sich gegenüber, fangen gleichzeitig mit einer 360° Drehung an. Wer zuerst fertig ist, hat gewonnen. Es dürfen auch mehr Kreise sein, z.B. 2 vorwärts, 3 rückwärts.

LA OLA

Effekt	Technik

Alle Spieler sind mit ihren Booten im Abstand von ca. 5 Meter parallel zueinander angeordnet. Mit einem Ziehschlag in der Mitte bewegt sich der Erste zum Nebenboot. Sobald er dies berührt hat, fängt dieser an zum Nächsten zu „ziehen". So kann sich die „LA-OLA-Welle" über eine große Distanz hin und wieder zurück bewegen.

TAUZIEHEN

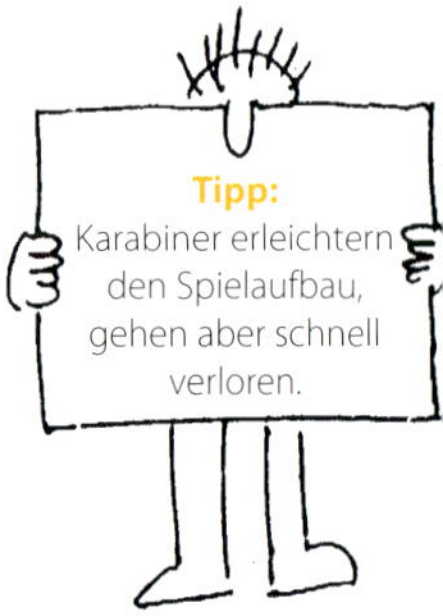

Material	kurze Seilstücke, evtl. mit Karabiner
Zeit	10 Minuten
Gewässer	stehendes Gewässer
Effekt	Technik, Ausdauer

Zwei Boote werden Bug an Bug oder Heck an Heck aneinandergebunden. Jetzt versuchen sich die beiden gegenseitig wegzuziehen.

Variante: Kann auch als kleines Turnier veranstaltet werden.

PUSHER

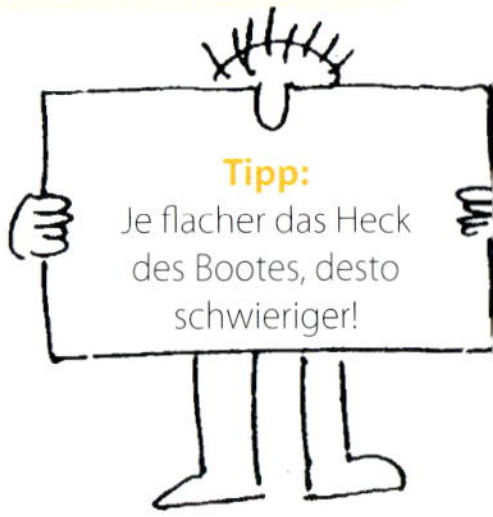

Effekt	Technik

Ein Spieler versucht den anderen – durch Pushen des Hecks mit seiner eigenen Bootsspitze – aus der Richtung zu drücken. Der Weggedrückte wehrt sich vehement durch kräftige Bogenschläge. Ziel ist es, sich nicht aus der Richtung bringen zu lassen.

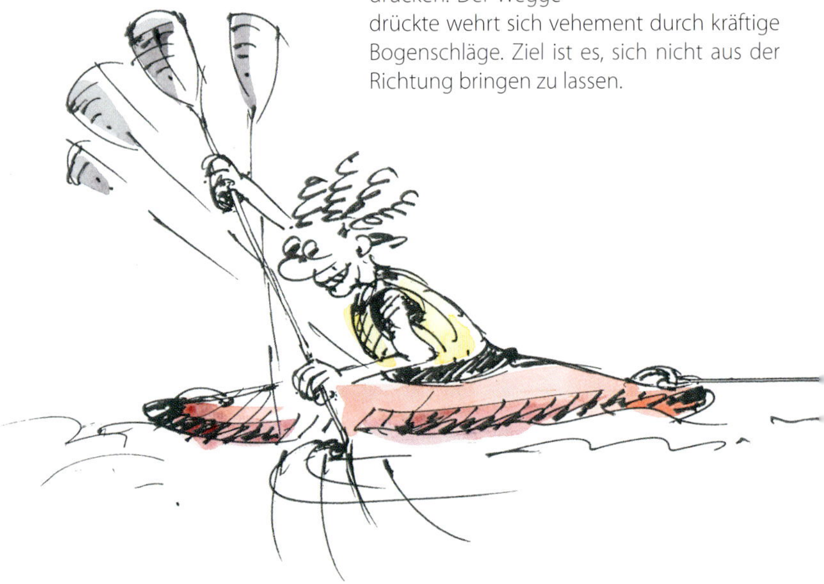

GÄNSEMARSCHSLALOM

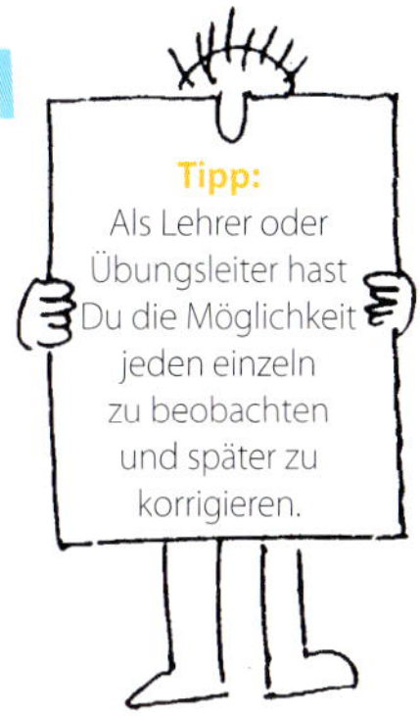

Effekt Technik, Ausdauer

Die Gänsefamilie fährt langsam in einer Reihe. Die letzte Gans überholt alle anderen und setzt sich an die Spitze der Familie. Sobald sie dort angekommen ist, beginnt die „Neue Letzte“ mit dem Überholen.

Variante: Die Abstände zwischen den Mitgliedern der Gänsefamilie sind größer und die Gans auf der Überholspur fährt Slalom zwischen den anderen.

KARAMBOLAGE

Effekt Technik, Kommunikation

Zwei Spieler fahren aufeinander zu und versuchen im letzten Moment abzubremsen, ohne sich zu berühren. Jetzt versuchen beide den Zeitpunkt des Bremsbeginns so lang wie möglich hinauszuzögern.

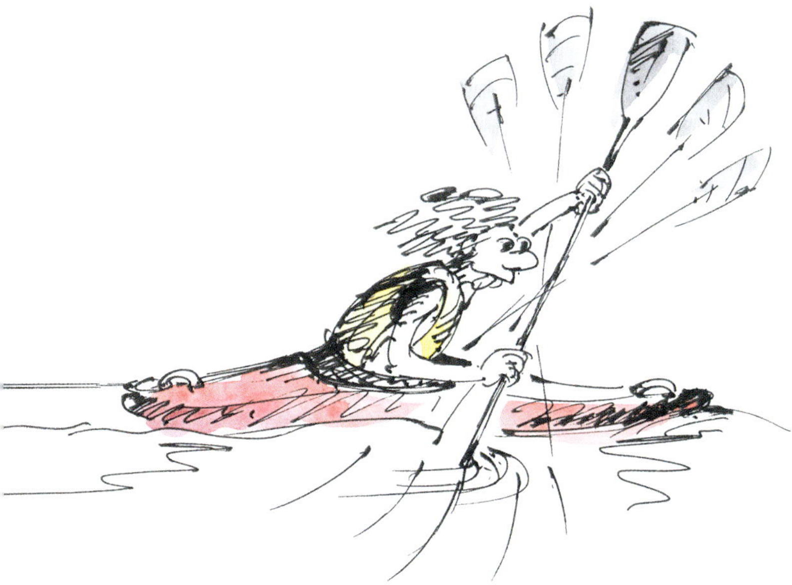

JOHN WAYNE

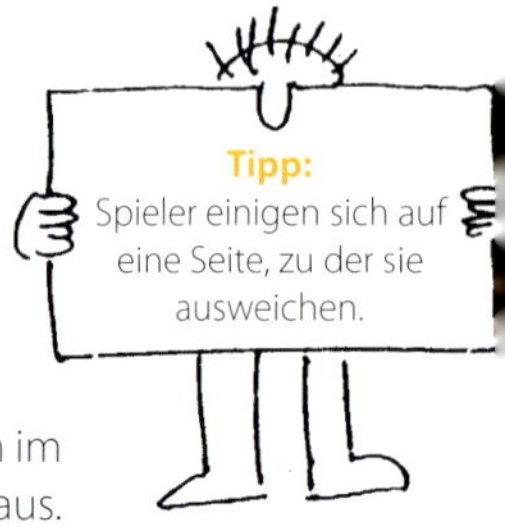

Effekt	Technik, Kommunikation

Zwei Spieler fahren aufeinander zu und weichen sich im letzten Moment mit einem Zieh- oder Bogenschlag aus. Sind sie aneinander vorbeigeglitten so bringen sich beide, durch gleiche Aktion auf der Gegenseite, wieder in ihre ursprüngliche Spur zurück.

RETTET DEN REGENWURM

Effekt	Technik, Taktik, Kommunikation

Der Regenwurm darf nicht sterben! Alle fahren in einem „Wurm" hintereinander. Schafft es der Spielleiter (oder ein Spieler) ohne Bootsberührung durch den Regenwurm zu queren, stirbt dieser. Zurück zum Start und neuer Versuch. Schafft Ihr es bis in die „Wurmhöhle" gegenüber (Ziel vorher absprechen)?

Varianten:

- Der Wurm stirbt auch, wenn er überholt wird. So kann der Wurmfänger auch in fitten Würmern Lücken provozieren.
- Nur mit den Händen paddeln.

DRACHENSCHWANZFANGEN

Material	Kanu, Paddel, kurze Seilstücke, Tuch
Spieler	ab 5 Spieler
Alter	ab 12 Jahren
Zeit	20 Minuten
Effekt	Technik, Kommunikation

Alle Boote werden zu einer langen Schlange zusammengebunden. Nun versucht ein Fänger den Schwanz (mit Tuch markieren) der Gruppe zu erwischen. Die Gruppe verteidigt ihren Schwanz so gut es geht – aber mit allen Mitteln! Wurde er erwischt, so wird der Fänger zum Schwanz und der Kopf zum Fänger.

AIRBAG

Effekt	Technik, Wassergewöhnung

Ein sehr lustiges Spiel! Jeder baut seinen Spitzenbeutel aus, bläst ihn prall auf und versucht sich nun so lang wie möglich auf diesem zu halten. Das Paddel darf natürlich zum Stabilisieren verwendet werden. Wer darin eine gewisse Perfektion entwickelt hat, kann beginnen langsam Strecke zu machen. Ohne Paddelstütze geht da gar nichts!

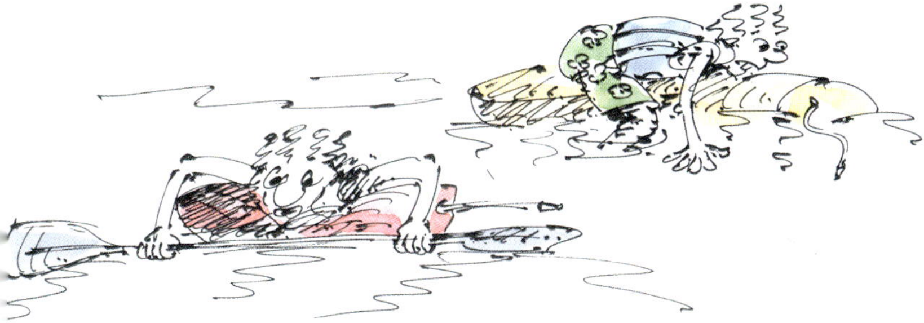

ZERREISSPROBE

Spieler	3
Effekt	Technik

Drei Spieler liegen mit ihren Booten parallel nebeneinander. Der mittlere hält die beiden anderen Boote am Süllrand fest. Diese versuchen sich durch Ziehschläge mittig zu befreien und den Mittelmann zu „zerreißen“.

AQUA-POWER

Effekt	Technik, Strömungserfahrung

Wasser hat keine Balken – von wegen! Dann lasst mal das Paddel mit der Blattrückseite über die Wasseroberfläche sausen und versucht dabei, es gleichzeitig unter diese zu drücken. Wenn Du das Paddel mit einer Hand am Blattende festhältst, gelingt dies fast rund ums Boot. Das ist eine ideale Übung, um ein Gefühl für Auftrieb und Stützwirkung zu bekommen.

WILDWASSERSIMULATOR

Alter	ab 10 Jahren
Zeit	10 Minuten
Gewässer	hüfttiefes, stehendes Gewässer
Effekt	Technik, persönliche Herausforderung

Ein Spieler steht am Heck des Partners und wackelt – je nach Können des Paddlers – mehr oder weniger stark an dessen Heck. Dieser versucht sich möglichst wenig aus seiner Bahn werfen zu lassen und stützt und balanciert was das Zeug hält. Kippt er doch mal um, so hilft ihm der „Wildwassersimulator" wieder hoch.

RODEOREITEN

Effekt	Technik, Bootsgefühl

Ein Spieler setzt sich auf das Boot des anderen. Dieser versucht das Boot möglichst stabil zu halten, wird aber immer wieder durch kleine Bewegungen des Reiters aus der Ruhe gebracht. Nach und nach können sich so viele Personen wie möglich auf das Boot setzen.

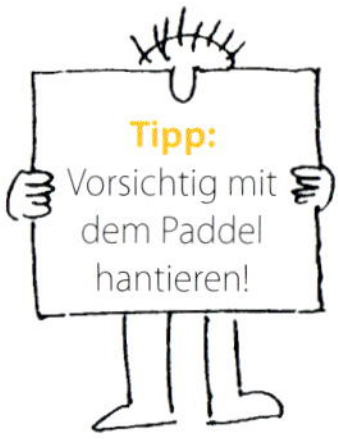

KANU-BALLETT

Alter	ab 10 Jahre
Effekt	Technik, persönliche Herausforderung

Grazil wie eine Wasserballett-Aufführung soll es werden. Die Gruppe wählt eine Formationsaufstellung wie beispielsweise einen Kreis oder eine Raute. Jetzt kannst Du als Leiter oder einer der Spieler verschiedene, flüssig aneinandergereihte Manöver zeigen und das Ballett fährt diese flüssig nach. Von außen oder auf Video sieht das echt klasse aus und wer mitmacht, fühlt sich richtig stark.

Spiele zum Thema Sicherheit

Das Thema Sicherheit ist in einer Sportart mit Risiken immer präsent. Deshalb sollte jede Unterrichtseinheit auch einen Teil dieser Risiken thematisieren und Lösungsmöglichkeiten anbieten – aber bitte nicht mit dem Zeigefinger. Viele Spielformen greifen das Thema auf, ohne es direkt anzusprechen. Dann reicht oft ein kleiner, anschließender Hinweis, um es sicherheitsrelevant anwenden zu können. Beispielsweise lässt sich das Retten eines Schwimmers vom Boot aus wunderschön in spielerischer Form aufarbeiten. Themen wie Rücklaufbergung lassen sich hingegen nicht spielerisch aufbereiten.
Voraussetzung für den spielerischen Umgang mit dem Thema Sicherheit ist eine hundertprozentige Souveränität des Leiters.

Auf einen Faktor möchten wir besonders hinweisen:
Werden Seile, insbesondere in strömendem Wasser, verwendet, besteht erhöhtes Unfallrisiko durch Verheddern.
Im NOTFALL muss ein Messer immer zur Hand sein! Nichts wäre tragischer, als ein Unfall bei einer Spielform zum Thema Sicherheit!
Zum Thema Mann-, Boots- und Materialbergung eignen sich alle Spielformen bei denen es um das Thema Materialtransport und Personenbeförderung geht. Auch lassen sich hier viele Einzelspiele und Übungsformen zu komplexen Staffeln und Parcours zusammenfügen.

NAMEN PASSEN

Material	ein Wurfsack je Gruppe
Gelände	ebener Untergrund
Effekt	Sicherheit, Kommunikation

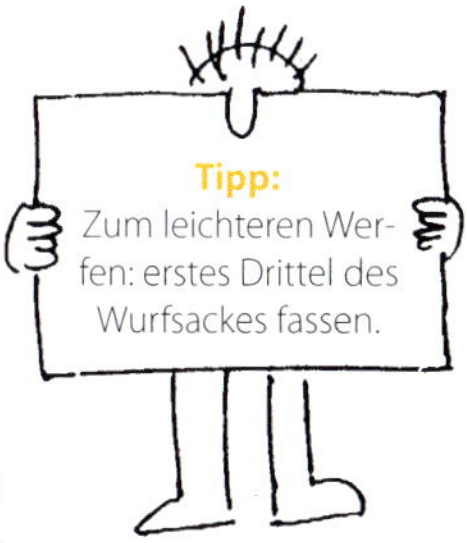

Alle Spieler stehen im Kreis. Der geschlossene Wurfsack wird zu einem beliebigen Mitspieler gepasst, wobei dessen Name und der Zusatz „Wurfsack" (z.B. „Rudi-Wurfsack") gerufen wird. Der Wurfsack darf dabei nicht rotieren. Das Spiel kann dann mit mehreren Wurfsäcken fortgesetzt werden.

Variante: Jeder läuft seinem Wurf hinterher und nimmt den Platz des Spielers ein, zu dem er geworfen hat.

BOCCIA

Material	ein Wurfsack je Spieler
Gelände	möglichst auf einer Wiese spielen
Effekt	Sicherheit

Ist Euch langweilig, wartet Ihr auf die „Autoumsetzer“, . . .? Dann packt doch die Wurfsäcke aus und spielt einfach Boccia. Die geschlossenen Wurfsäcke werden dabei so nah wie möglich an das Ziel (z.B. Tannenzapfen) herangeworfen. Wer seinen Wurfsack in sich rotieren lässt, wird disqualifiziert.

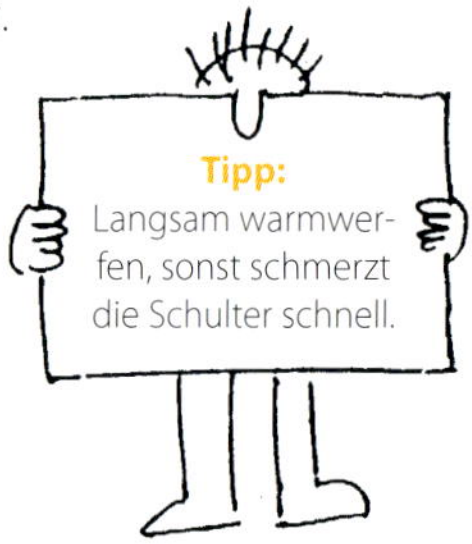

TREIBEN

Material	ein Wurfsack je Spielerpaar
Gelände	möglichst ebener Rasen
Effekt	Sicherheit, Kommunikation

Zwei – etwa gleichstarke – Werfer stehen sich gegenüber. Jeder versucht jetzt durch einen noch etwas weiteren Wurf den anderen nach hinten zu drängen. Der Abgedrängte darf von dem Punkt aus abwerfen, wo er den Wurfsack gefangen hat oder wo er gelandet ist. Bei einem so schweren Wurfgerät wie dem Wurfsack, kommen jetzt die verschiedensten Varianten des Werfens (Schlagwurf von oben, Schockwurf von unten) zum Einsatz.
Sind die Weiten ausgelotet, so kann jeder mal den Sack öffnen und versuchen, ob er die gleiche Entfernung mit auslaufendem Seil werfen kann.

HASENJAGD

Material	ein Wurfsack weniger als Spieler
Zeit	10 Minuten
Gelände	möglichst ebener Rasen
Effekt	Sicherheit, Kommunikation

Variante: Anstelle des „Hasen“ wird ein Boot mit Hilfe eines Wurfsacks gezogen.

Wie in einer Schießbude stehen die Jäger aufgereiht zum Schuss bereit. Der Hase läuft in einem Abstand von ca. 10-15 Metern parallel zu den Jägern vorbei. Jetzt wird durchgeladen und geschossen – mal sehn´ wie viele Wurfsäcke treffen.

HOLE IN ONE

Material	1 Boot und Wurfsäcke
Zeit	15 Minuten
Effekt	Sicherheit

Ein Boot wird etwa im 45° Winkel an einen Baum oder eine Wand gelehnt. Die Sitzluke stellt das Ziel dar. Jetzt kann jeder seine individuelle Distanz herausfinden aus der er noch sicher ins Ziel trifft. Jeder Treffer muss dabei mit einem Folgetreffer bestätigt werden.

Variante: Wer schafft die weiteste Distanz; aus verschiedenen Winkeln werfen; die meisten Treffer in einer Minute aus 10 Meter Entfernung?

WURFSACKSTAFFEL

Im Prinzip kannst Du hier alle Facetten des Wurfsack-Werfens zusammenfassen und in eine Staffel einbauen.
Dies kann sein: Mit geschlossenem oder offenem Wurfsack werfen, Zielwerfen, Nachwurf, Seil aufnehmen, Schlag- und Schockwurf.
Mit einem imaginären oder realen Fluss kannst Du auch eine Pendelstaffel (hin und zurück) initiieren.

MR. RESCUE

Gewässer	am See und Fluss möglich
Effekt	Sicherheit, Kommunikation, pers. Herausforderung

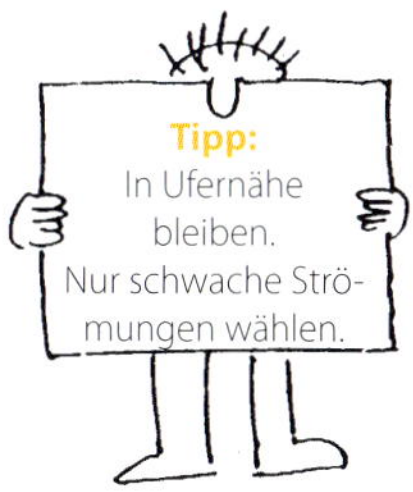

Zwei Freunde paddeln seelenruhig nebeneinander her. Plötzlich kentert einer (ohne Absprache). Die Aufgabe ist es nun, alles Material und den Paddler gleichzeitig in Richtung Ufer zu bringen. Jetzt kann der Gekenterte dem Retter die Arbeit noch erschweren,
Im zweiten Durchgang (wieder ohne Absprache) versucht der Gekenterte dem Retter die Arbeit so einfach wie möglich zu machen. Hinterher kann die Gruppe zusammentragen, was gut und was schlecht war.

Variante: Abschleppen eines regungslosen Körpers.

RUMPEL DIE PUMPEL, WEG IST DER KUMPEL

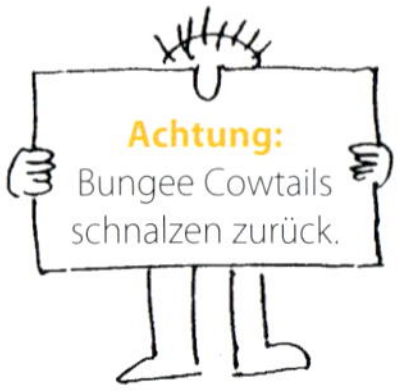

Material	Wurfsack und Rettungsweste
Spieler	bis 6 Spieler
Alter	ab 12 Jahren
Zeit	20 Minuten
Gelände	leichter Schwall mit gutem Auslauf
Effekt	Sicherheit, Kommunikation, persönliche Herausforderung

Ein angeleinter Schwimmer (IMMER mit Schwimmweste inkl. Notauslösung) wird am Seil durch mehrere Mitspieler in einem leichten Schwall gehalten oder mittels lösbarem Knoten fixiert. Das Seil muss sich immer lösen lassen und ein Messer muss in Bereitschaft liegen! Jetzt versucht er, sich um die eigene Körperachse zu drehen. Danach wird die Notauslösung gezogen und der Schwimmer von einem weiteren Retter mit Wurfsack oder angeleintem Springer gerettet.

- Wer schafft es am längsten auf dem Bauch zu surfen?
- Wer schafft die meisten Umdrehungen um die eigene Körperachse in einer bestimmen Zeiteinheit z.B. 30 Sec.?

BUDDY BANG

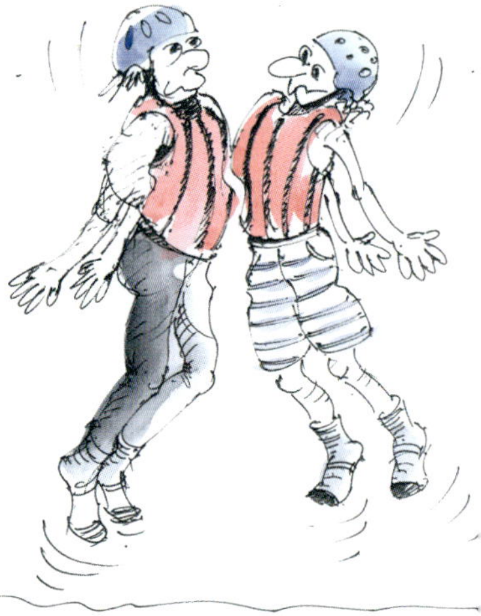

Material	Schwimmwesten
Gelände	ebener Untergrund
Effekt	Sicherheit, Mut, Kommunikation

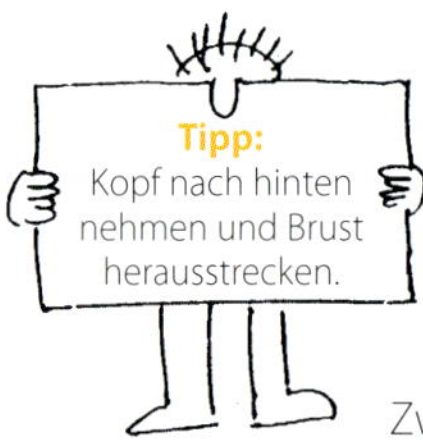

Zwei wilde Gestalten rasen mit Geschrei aufeinander zu, springen im letzten Moment senkrecht in die Höhe, prallen an ihren Schutzschildern (Schwimmwesten) aneinander ab und suchen sich, in ihrem Glauben unverletzbar zu sein, eine neue Herausforderung (neuer Partner).

Spiele in und mit der Strömung

Hier spielt selbstverständlich die Dynamik des Wassers eine erhebliche Rolle. Spielformen in der Strömung brauchen ein besonders gutes Auge des Spielleiters um gefährliche Streckenabschnitte erkennen zu können. Wenn Du Dir unklar darüber bist, ob die Sicherheit der Teilnehmer gefährdet ist, dann suche Dir lieber eine andere Stelle oder einen anderen Flussabschnitt. Je dynamischer ein Fluss ist, desto kleiner sollte die Gruppe sein.

WETTEN DASS ...

Gewässer	auf sehr sicheren Flussabschnitt achten
Effekt	Strömungserfahrung, Taktik, Technik

... ich es schaffe, mit 3 Paddelschlägen die gesamte Strömung zu queren!
Erst stellt der Spielleiter Aufgaben um das Spiel anzukurbeln – nach und nach übergibt er an die Mitspieler, die ihrer Phantasie freien Lauf lassen können. *„Wetten, dass ... ich 100 Meter kopfunter treiben kann"*
Klar müssen es dann alle anderen auch ausprobieren.
Eure Aufgabenstellung richtet sich danach, welche Ziele Ihr verfolgt. Dies kann technischer Art sein (Seilfähre üben) oder den Blick für die Strömung schulen (wo quere ich am leichtesten), oder einfach nur die verrückteste Idee ausfindig machen, die gerade noch realisierbar ist.

BUNGEE RUN

Material	kurze Seilstücke
Zeit	15 Minuten
Gelände	Flussabschnitt sorgfältig auswählen
Effekt	Technik, Bootsgefühl, Taktik, persönliche Herausforderung

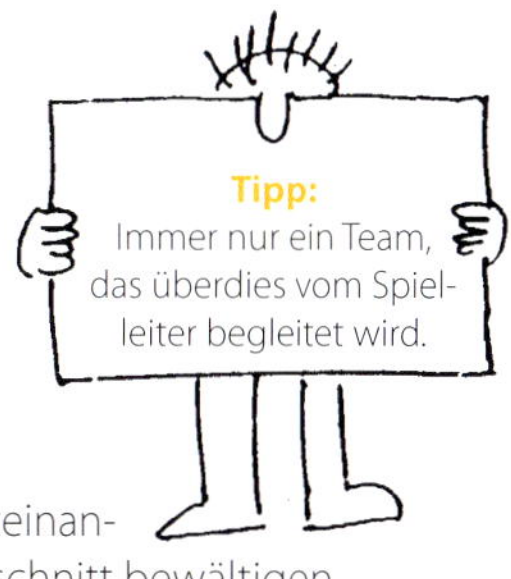

Zwei oder mehrere Boote sind durch ein kurzes Seil miteinander verbunden und müssen gemeinsam einen Flussabschnitt bewältigen.

Variante: Bug zu Bug, Heck zu Heck, Bug zu Heck.

TREIBHOLZ

Gewässer	tiefer Schwall mit gutem Auslauf
Effekt	Bootsgefühl, Taktik, pers. Herausforderung

Die Insassen zweier Boote bilden ein Team. Sie halten sich gegenseitig an den Süllrändern fest und lassen sich gemeinsam einen Schwall hinuntertreiben – natürlich ohne die Paddel einzusetzen.

IRRTUM

Effekt	Technik, Bootsgefühl, Taktik, pers. Herausforderung

Das eigene Paddel wird weggeworfen. Jetzt versucht jeder ein fremdes Paddel durch Steuern und Paddeln mit den Händen wieder einzufangen. Hat er eines, wird dies sofort wieder weggeworfen.

HANDICAPSLALOM

Effekt	Technik, Bootsgefühl, Taktik, pers. Herausforderung

Eine vorgegebene Strecke wird mit verschiedenen festgelegten Paddelschlägen bewältigt. Jeder der Mitspieler darf bei einem neuen Durchgang eine neue Variante festlegen – die er natürlich vorfahren muss.

LUFTSACKROULETTE

Material	Auftriebskörper o.ä., soll aber in Verschneidungen nicht abgesaugt werden, wie z.B. Holz
Effekt	Strömungserfahrung, interessante Strömungsformen erleben

Spieler sitzen am Uferrand an einer strömungstechnisch interessanten Stelle. Jetzt wird bekannt gegeben, an welcher Stelle gleich ein Auftriebskörper (Schaumstück) ins Wasser geworfen wird. Jeder überlegt sich welche Linie er nehmen wird und wo er ggf. im Kehrwasser landet. Wo landet er, wenn er an anderer Stelle startet, aber die gleiche Strecke vor sich hat?

RETTET DEN ORCA

Material	aufblasbarer Flussorca (Frosch etc.)
Gelände	Strömung die von den Spielern beherrscht wird
Effekt	Bootsgefühl, Taktik, Kommunikation

Greenpeace-Aktivisten (Team 1) versuchen den letzten lebenden Flussorca zu retten, indem sie ihn zurück in die Strömung befördern. Südchinesische Walfänger (Team 2) jagen ihm gleichzeitig nach und wollen ihn ans Flussufer bringen (werfen) und schlachten.

An einem zuvor festgelegten Ziel angekommen ist der Orca gerettet, sofern er noch in der Strömung schwimmt. Der Orca darf von den Spielern nur kurz berührt oder für maximal 3 Sekunden auf der Spritzdecke abgelegt werden, da er sonst stirbt und für beide Parteien wertlos ist. Weil der Umgang zwischen den verfeindeten Parteien sehr ruppig ist, ist fast alles außer Schlagen mit dem Paddel erlaubt (Regeln an das Können anpassen!).

FISCHFUTTER

Material	kleine schwimmfähige Schokoriegel oder Tannenzapfen
Gewässer	Strömung die es zulässt, wieder zurück zum Entstehungspunkt des Kehrwassers zu paddeln.
Effekt	Ökologie, Strömungserfahrung, Bootsgefühl

Forellen lauern im Kehrwasser und schnappen sich, was so den Bach an Futter herunterschwimmt. Gleiches tun die Paddler – nur warten sie nicht auf ertrunkene Grashüpfer, sondern auf kleine Schokoriegel oder ähnliches (wenn man mehrere Durchgänge spielt, sind Tannenzapfen gut geeignet). Jeder Fisch entwickelt seine eigene Strategie und sucht sich seine eigene Position um möglichst viel Futter zu bekommen. Wer am meisten erwischt, ist natürlich der dickste Fisch!

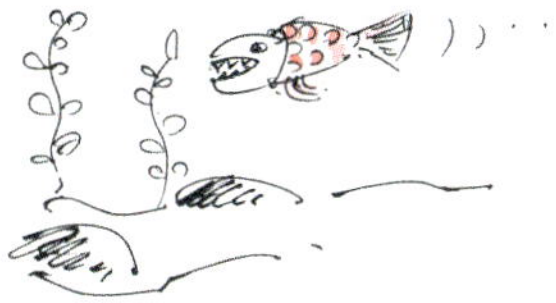

Varianten:

- Anzahl der Futterstücke bekannt geben und anschließend nachzählen, wie viele verlorengegangen sind.
- Fische bilden 2er-Teams und jagen im Verbund.

GRÜNER FLUSS

Material	alle Gegenstände die zur Veranschaulichung dienen
Zeit	20-40 Minuten
Gelände	ebener Untergrund, ausreichend Platz
Effekt	Taktik, Strömungslehre, Technik

Gemeinsam mit allen Spielern wird ein Flussabschnitt an Land nachgebildet. Dies kann im Maßstab 1:1 oder entsprechend kleiner sein. Alle Hilfsmittel sind erlaubt. Mit Booten können Hindernisse dargestellt werden, mit Seilen Flussbiegungen usw. Anhand dieses Modells lassen sich dann Strömungen erklären und Manöver mit Paddel und Boot nachvollziehen.

Variante: Alle Teilnehmer simulieren Wassertropfen und „fließen" gemeinsam durch den nachgebildeten Flussabschnitt. Jeder Wassertropfen hat dabei zwei lösbare Verbindungen mit einem beliebigen anderen Wassertropfen. Mit dieser Methode kann das Verhalten von Wasser erfasst und das Verständnis für Strömungsverläufe geschult werden.

Spiele zum Thema Kanupolo

Man nehme einen Ball und werfe ihn zwischen die Paddler. Sie werden zu spielen beginnen. Der berühmte Aufforderungscharakter des Balles zeigt beim Kanupolospiel die offensichtlichste Symbiose aus Kanu und Spiel. Bei diesem Spiel wird aus Individualsportlern – das sind Kajakfahrer nun mal – eine Mannschaft geformt. Kein leichtes Unterfangen, aber reich an Möglichkeiten und Chancen in viele Zielrichtungen.
Schnell öffnet sich das Feld der Interaktionen mit all den Herausforderungen einer Mannschaftssportart.

Doch auch wenn es Dir gar nicht um Kanupolo geht, solltest Du auf entsprechende Spielformen nicht verzichten, denn die Beschäftigung mit dem Ball oder/und dem Gegner lenkt hervorragend vom Boot ab und trägt so zur Automatisierung der Bootsbeherrschung bei. Manche verstehen es gar als eine Art Wildwasser-Simulation, bei der die Attacken des Gegners und die ständigen Richtungswechsel ähnlich schnelle Reaktionen und Bootsbeherrschung erzwingen wie anspruchsvolles Wildwasser.

Leicht findest Du zahlreiche Anleihen bei den großen Sportspielen (Handball, Basketball, Fußball, Volleyball), beim Wasserball und unbedingt auch bei den sog. „Kleinen Spielen", von denen sich viele mit etwas Phantasie aufs Wasser und Boot übertragen lassen. Varianten ergeben sich leicht aus der Wahl verschiedener „Wurfgegenstände" (Poloball, Wasserball zum Aufblasen, Luftballon, Schwimmbretter, Pull Buoys, Pezziball, Frisbee etc.). Für alle die es etwas strukturierter mögen, im Folgenden unsere Anregungen:

Vorbemerkungen

- Hand und Paddel vertragen sich nicht. Beim Kampf um den Ball deshalb von Beginn an die entsprechende Foul-Regel streng umsetzen: Geht eine Hand zum Ball, muss das Paddel stets zurückgezogen werden.
- Das Anfahren im Sitzluken-Bereich streng ahnden.
- Wenn vorhanden, Schwimmwesten zum Schutz der Nieren tragen. Dies gilt im Besonderen bei der Verwendung spitzerer Boote ohne speziellen Spitzenschutz, wie sie im Polo gefordert sind.
- Foul-Regel zum Umwerfen des Gegners: Nur den Ballführenden (Ball ist in Reichweite ums Boot) durch Stoß mit der flachen Hand an der Schulter! Nur wenn gefahrlos möglich, d.h. in sicherer Entfernung vom Beckenrand oder anderen Booten!
- Bei Spielen mit Paddel und Gegner Helmpflicht einführen.
- Keine zu scharfen / zu dünnen Paddelblätter zulassen.
- Der Ball darf generell nicht auf der Spritzdecke abgelegt werden.
- Polo ist laut: Eine Pfeife schadet nicht.
- Das Polo-Tor (eigentlich 1,5 Meter auf 1 Meter, 2 Meter hoch über der Grundlinie) kann z.B. dahingehend improvisiert werden, dass der Ball in ein am Ufer platziertes aufblasbares Schwimmbecken, einen Canadier oder in eine Kajakluke geworfen / gelegt werden muss.

Kanupolo findet immer auf stehendem Gewässer statt. Wer kein ausgesprochenes Kanupolofeld zur Verfügung hat, kann sich mit Bojen und Begrenzungslinien ein Feld bauen. Tore sind für die meisten Spielformen gar nicht notwendig. Kanupolo bezieht sich auf spezielle Einerkajaks. Wildwasserboote sind aber ebenso geeignet, um Spaß an diesem Spiel zu haben.

Werden Spielformen aus dem Kanupolo mit Canadiern durchgeführt, ist unbedingt Folgendes zu beachten:

- Die beschleunigte Masse bei Canadiern und speziell bei Tandembooten ist eine wesentlich größere als bei Kajaks, die dann bei Personen-, bzw. Bootskontakt entsprechende „Spuren" hinterlässt.
- Nur der Steuermann paddelt.
- Nur der Steuermann paddelt und nur der vordere Spieler spielt den Ball.
- Kein Umwerfen der Boote, jedoch Wegschubsen (vorne mit der Hand, evtl. hinten mit dem Paddel) erlaubt.
- Rammen verboten, touchieren bei Vortrieb vermeiden.
- Der Ball darf nicht abgelegt werden.

BALLEREI

Material	Ball
Spieler	2 bis 8 Spieler pro Ball
Effekt	Technik, Kommunikation

Ein Ball wird in der Gruppe zugepasst. Dabei muss die Position des Kajaks zwischen den Würfen immer wieder ausgerichtet werden.

Variante: Beim Passen den eigenen Namen nennen, später den Namen des anderen. Auch als Kennenlernspiel geeignet.

BALL ÜBER DIE SCHNUR

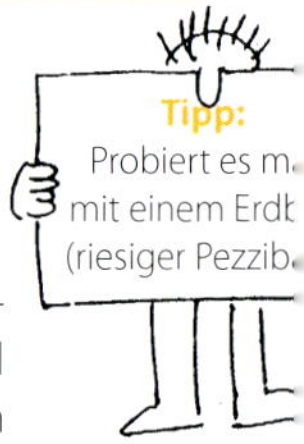

Material	Ball, Wasserball, Softball oder Gegenstände wie Pull Buoy, Schwimmbrett, . . .
Spieler	2-12 Spieler
Zeit	10 Minuten
Effekt	Technik, Taktik, Kommunikation

Ähnlich wie beim Volleyball gilt es den Ball oder Gegenstände in der gegnerischen Hälfte auf die Wasseroberfläche zu platzieren. Dieser muss dann innerhalb einer gewissen Zeit (einige Sekunden) zurück über die (evtl. imaginäre) Schnur. Der Schiedsrichter zählt laut die Sekunden mit. Je nach Regel ist die Zeitspanne länger (z.B. nur mit Paddel spielen) oder kürzer (mit Händen).

Variante: Bei Verwendung eines Wasserballs gibt es den Punkt schon bei Wasserberührung.

PARTEIBALL

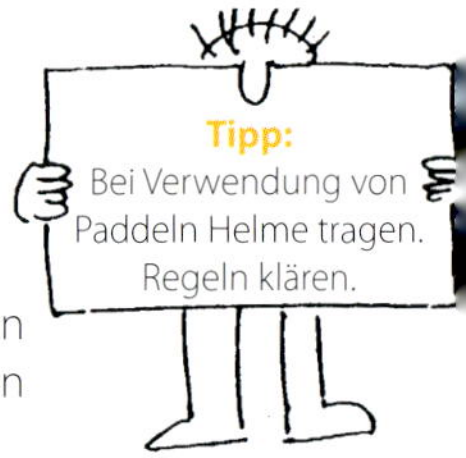

Material	Ball
Effekt	Kommunikation, Technik, Taktik

Zwei Mannschaften versuchen sich den Ball abzujagen. Einen Punkt gibt es für X aufeinander folgende Ballkontakte innerhalb der eigenen Mannschaft. Hin- und Herpassen zwischen 2 Spielern und den Ball länger als 5 Sek. halten ist nicht gestattet. Hat eine Mannschaft einen Punkt, wird der Ball durch den Schiedsrichter neu eingeworfen. Nach 3, 4 od. 5 Punkten steht der Sieger fest.

Variante: Mit & ohne Paddel.

BRENNBALL

Spieletyp	Fangspiel
Material	Ball, Schwamm…
Effekt	Technik, Taktik

Ganz einfach: Wer vom Ball getroffen wird, wird selbst zum Fänger / Werfer. Dabei gibt's natürlich endlose Varianten aufgrund verschiedener Ziele und Wurfgeschosse.

Varianten:

- Nur Körper / Boot / Paddel zählen als Ziel.
- Mehrere Fänger mit verschiedenen Zielen.
- Wurf nur per Paddel erlaubt.

TRATZBALL

Spieletyp	Fangspiel
Effekt	Technik, Taktik Kommunikation

Ein Mitspieler versucht den Ball abzufangen, den sich 2 andere zupassen. Bei Berührung des Balls mit dem Paddel darf er mit dem Fehlpass-Geber Platz tauschen. Ebenso, wenn der Pass nicht in die Hände geht.

Varianten:

- Anzahl der Spieler innen oder / und außen verändern.
- Ball darf auch aufs Wasser fallen.

BALLHALTEN

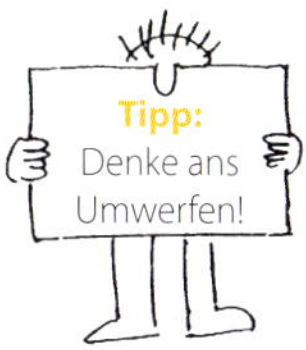

Effekt	Technik, persönliche Herausforderung

„Tratzball Eins gegen Eins": Du musst Dir den Ball erkämpfen und möglichst lange unter Kontrolle halten. Jetzt darfst Du natürlich den Ball auch vorlegen, auf dem Wasser liegen lassen, etc.

Varianten:

- Anstöße fahren: Der Ball wird auf den Mittelpunkt geworfen.
- 2 Spieler starten von den Grundlinien.

KREISPASSEN

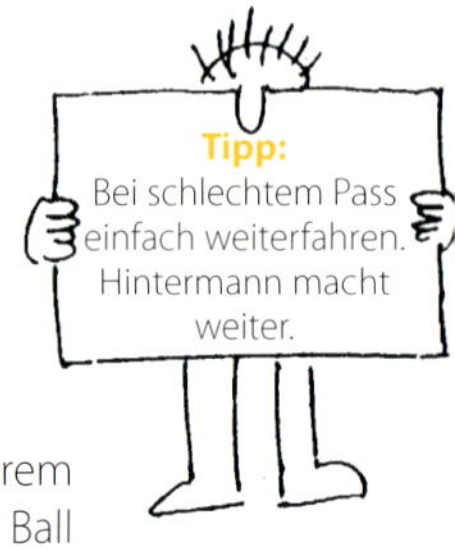

Effekt	Technik, Kommunikation

Die Spieler fahren im Kreis und passen jeweils zu ihrem Vordermann. Am einfachsten geht das, wenn Du den Ball innen im Kreis etwas vor das Boot Deines Vordermanns wirfst.

Varianten:

- ▶ Passen mit links oder passen nach außen oder direkt in die Hand.

STERNPASSEN

Effekt	Technik, Kommunikation

Im Kreis aufstellen mit einem Mittelmann. Der erste Pass geht zum Mittelmann. Von dort wieder zum Nächsten. Jeder fährt sofort seinem Pass nach und übernimmt diese Position. Etwas zum Mitdenken mit viel Bewegung.

JONGLAGE

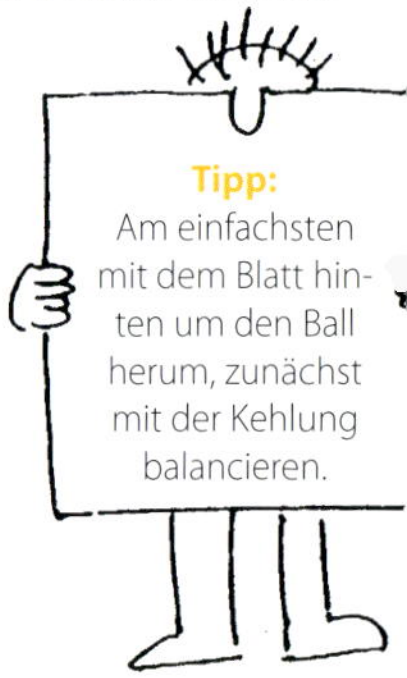

Effekt	Technik, persönl. Herausforderung

Du tippst mit dem Paddel auf den Ball, so dass Du mit dem Paddelblatt darunter langen kannst. Dann wird der Ball auf dem Paddelblatt balanciert oder jongliert.

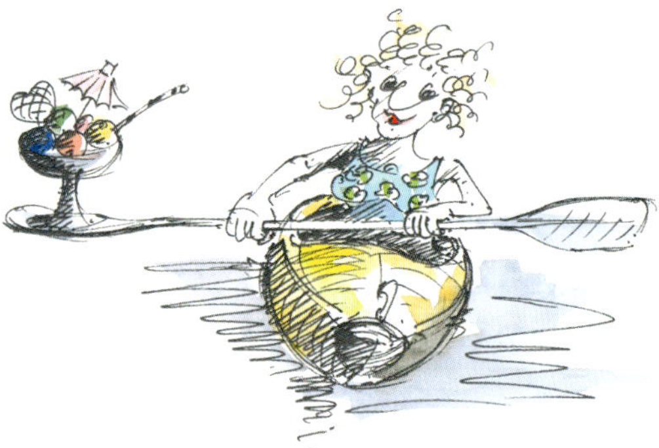

Varianten:

- ▶ Vom linken aufs rechte Blatt wechseln.
- ▶ Auch partnerweise zuspielen.
- ▶ Jeder präsentiert eine eigene Variante, welche von den anderen nachgemacht wird.

DRIBBLE-KÖNIG

Effekt	Technik

Ball aus der Fahrt aufnehmen und vorlegen. Nachsprinten ... und gleich noch einmal. Wer schafft es am schnellsten, am weitesten, am höchsten...?

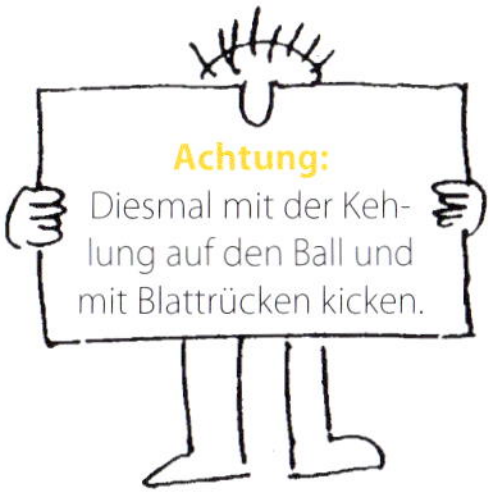

Varianten:

- Staffelformen.
- Wechsel von linker und rechter Seite.

BASE-BALL

Effekt	Technik, Taktik

Wie beim richtigen Baseball können die Spieler nach dem Einwurf aus ihrer Startecke die vier Bases (Ecken des Beckens oder abgegrenzten Feldes) anfahren. Sie haben dazu solange Zeit wie die gegnerische Mannschaft benötigt, um den Ball in den in der Mitte des Beckens aufgestellten Korb (Reifen) zu transportieren. Wer zwischen den Bases erwischt wird, muss zurück zum Start. Die Fänger starten an der Grundlinie. Die Sprinter im Eck. Wer schafft einen „home-paddle"? Jede Mannschaft hat z.B. 5 Versuche.

Varianten:

- Das ganze Spiel ohne Paddel.
- Balltransport nur mit Paddel.
- Jeder Fänger muss den Ball gespielt haben.

KANUPOLO

Effekt	Technik, Taktik, Kommunikation

Ganz klassisch:
Zwei Mannschaften spielen auf zwei Tore.
Diese Grundidee lässt sich vielfach ausbauen und entsprechend methodisch aufbauen.

Varianten:

- Auf verschiedene Ziele spielen: Körbe, Reifen, Polo-Tore, Helferhände (siehe oben), Beckenrand (Ball ablegen), Bootsluken, ...
- Mit oder ohne Paddel.
- Mit oder ohne Umwerfen des Ballführenden.

LADYS DAY

Effekt	Taktik, Kommunikation

Variante: Alle Mitspieler müssen den Ball gespielt haben, bevor ein Tor erzielt werden kann.

Wie Kanupolo, aber nur Damentore (von einer weiblichen Person erzielt) bzw. die Tore einer bestimmten Person zählen (oder wenigstens dreifach). Diese Person muss taktisch so freigespielt werden, damit es ihr möglich ist ein Tor zu erzielen.

KORBBALL

Spieler	ab 2 Boote pro Team
Effekt	Technik, Taktik, Kommunikation

Zwei Teams mit jeweils gleicher Anzahl von Canadiern besitzen je einen Ball und versuchen diesen in ein Boot des anderen Teams zu werfen. Sobald der Ball in einem gegnerischen Boot landet, gibt es einen Punkt.

Regelvarianten:

A. Der Ball darf mit dem Paddel abgewehrt werden. Nur der Steuermann paddelt und der Tandempartner wirft den Ball (Variante hierzu: Der Werfer darf nur werfen wenn er steht).

B. Wenn ein Ball im gegnerischen Boot versenkt wurde, muss eine Person dieses Bootes ins Wasser springen und kann nur durch ein weiteres Teamboot wieder „erlöst / gerettet" und in „sein" Boot zurückbefördert werden.

Staffelspiele

Staffelspiele sind genau genommen keine eigenständigen Spiele. Es handelt sich vielmehr um die sinnvolle Zusammenfügung verschiedener Spiel- oder Übungsformen. Zwei oder mehrere Mannschaften stehen im Wettstreit miteinander. Jedes Mitglied einer Mannschaft erfüllt entweder die gleiche Aufgabe oder setzt das Werk seines Vorgängers fort. Charakteristisch ist, dass immer nur ein Teammitglied oder ein Teilteam in Aktion ist. Der Rest der Mannschaft unterstützt durch Anfeuern. Als Zeichen der Übergabe findet immer ein kleines Ritual statt (z.B. Stabübergabe oder Abklatschen). Hierbei ist nicht das „WIE" wichtig, sondern „OB" eine Aufgabe erledigt wurde. Emotional stärkt es den Zusammenhalt innerhalb

eines Teams und gleichzeitig findet „ein-sich-Abgrenzen" zu anderen Teams statt. Dies lässt sich pädagogisch nutzen, z.B. zur Integration von Schwächeren o.ä. Motorisch ist eine Staffel eine willkommene Lernzielkontrolle unter „Stressbedingungen". Sitzt der Wurf mit dem Wurfsack wirklich? Treffe ich das Kehrwasser auch unter Anspannung? Vorbedingung für einen Staffelwettkampf ist immer das vorherige Einüben oder Können der jeweiligen Bewegung.
Wir möchten Euch an den zwei Beispielen SICHERHEITSSTAFFEL und ANFÄNGERSTAFFEL verdeutlichen, wie eine Staffel aufgebaut sein kann. Eine Staffel lässt sich dann für jede Zielgruppe und jede Lernsituation finden.

Es gibt, nach ihrer Organisationsform benannt, folgende Staffeln:

- Rundstaffeln
- Pendelstaffeln
- Umkehrstaffeln
- Stationsstaffeln
- Endlosstaffeln
- Tandemstaffeln

SICHERHEITSSTAFFEL

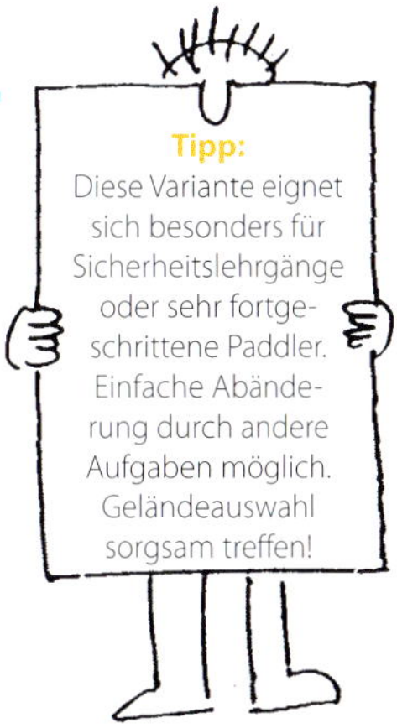

Material	normale Wildwasserausrüstung, Seil und Gurt zum Abseilen
Alter	der Aufgabenschwierigkeit entspr.
Zeit	je Team mind. 20 Minuten
Gelände	Fluss mit begehbaren Ufern, moderater Strömung. Brücke mit festem Geländer und tiefem Unterwasser.
Effekt	Sicherheit, persönl. Herausforderung

Zwei, drei oder vier Teams treten zur Staffel an.
Die Übergabe an das jeweils nächste Teammitglied findet durch Abklatschen statt. Die Aufgabe wird zentral moderiert. Jeder muss zuerst genau wissen, für was er zuständig ist, und anschließend nehmen alle Spieler die vorgegebene Startposition ein. Jeder Spieler übernimmt eine Stafette. Sind es zu wenig Spieler, so kann auch jeder 2 oder 3 Stafetten übernehmen. Auf Pfiff wird gestartet.

Spielleiter

Du übernimmst die Überwachung der gesamten Aktion und bist dafür verantwortlich, dass sich im Eifer des Gefechtes niemand verletzt und die Regeln eingehalten werden.

1. Stafette (2 Personen, ein Boot)

Transport einer Person auf dem Heck von einer Flussseite zum gegenüberliegenden Flussufer.

ÜBERGABE

2. Stafette (1 Person)

Boot abschleppen mit Cowtail wieder zurück auf die andere Uferseite.

ÜBERGABE

3. Stafette (1 Person)

Die gleiche Seilfähre zurück mit 2 Paddeln gleichzeitig.

ÜBERGABE

4. Stafette (1 Person)

Schwimmer startet wieder zurück auf die gegenüberliegende Seite. Von dort aus kann er durch die dort stehenden Personen mit Wurfsack unterstützt werden.

ÜBERGABE

auf der oberhalb liegenden Brücke.

5. Stafette (1 Person)

Person seilt sich von der Brücke ab und fällt ins Wasser (Seil muss 1 Meter vor der Wasseroberfläche ohne Knoten enden!) und muss von seinem unterhalb wartenden Team mit Wurfsack gerettet werden.

Mit Erreichen des trockenen Ufers ist die Staffel vorbei.

Variante: Der Start findet an einem zentralen Punkt statt. Alle Stationen und Ausgangspositionen müssen dann erst eingenommen werden, was der Realität noch ein Stück näher kommt.

ANFÄNGERSTAFFEL

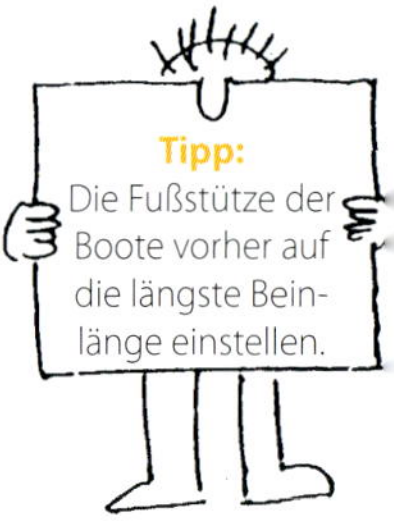

Die Teams stehen hinter einer Linie ca. 20 Meter vom Seeufer entfernt. Je ein Boot liegt 10 Meter Richtung See auf der Wiese. Die Parcours sind parallel aufgebaut. Start und Ziel sind jeweils gleich. Übergabe findet durch die Übergabe eines Paddels (Staffelstab) statt.

Mögliche Stationen:

1 Ein- und Aussteigen ins Boot auf der Wiese
2 Boot zum Wasser tragen (nicht schleifen)!
3 Einsteigen mit Paddelbrücke
4 Zu einer Boje paddeln (ca. 5 Meter entfernt)
5 Kentern und Aussteigen
6 Mit Paddel und Boot zurückschwimmen ans Ufer
7 Boot ausleeren
8 Boot dahin zurücktragen, wo es vorher lag (Stelle markieren)
9 Abschlagen und der Nächste startet

Spieler	3-5 Spieler je Team
Zeit	25 Minuten
Gelände	ebene Wiese, keine Stolperstellen
Effekt	Technik, Bootsgefühl

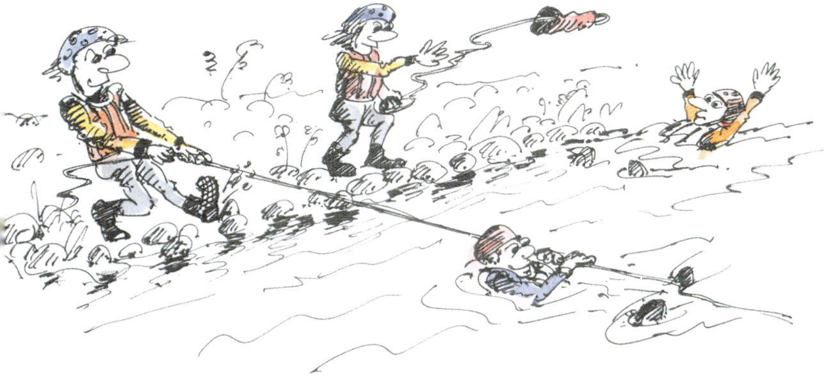

FLUSSSTAFFEL

Unter der Spiel-Beschreibung „Old School Rodeo" (siehe Seite 87und 88) findest Du alle Anregungen für eine Flussstaffel.

Viel Spaß beim Kombinieren . . .!

Spielparcours

Beim Spielparcours steht im Gegensatz zum Staffelspiel die gemeinsame Lösung der Aufgabe und / oder die spielerische Festigung von motorischen Fertigkeiten Einzelner im Vordergrund. Schnelligkeit oder der Vergleich mit anderen ist dabei zweitrangig oder gar nicht erwünscht.

Mit diesem Blickwinkel kann der Schwerpunkt auch auf das soziale Miteinander gelegt werden. Welchen Qualitätsanspruch hat die Gruppe? Wie geht sie mit Schwächeren um? Wie wird unterstützt und zusammengearbeitet? – usw. Diese Themen haben eine starke Affinität zu Interaktionsspielen und erlebnispädagogischen Settings. Deshalb sei an dieser Stelle schon mal darauf hingewiesen, dass sich Spielparcours auch für diese Zielgruppe eignen. Der Unterschied liegt meist nur in der zielgerichteten Auswahl der Einzelelemente im Hinblick auf den Kontext, der Moderation und dem Anschließen einer Reflexion.

Im Folgenden sind natürlich viele Varianten denkbar. Damit Du einen Eindruck bekommst, wie so was aussehen kann, zeigen wir hier einige Beispiele, die Du natürlich an Deine Rahmenbedingungen anpassen musst. Spielparcours sind nicht zwangsläufig so umfangreich wie die beiden dargestellten Varianten. Sie können nur eine Stunde oder kürzer dauern, wie das Beispiel „Schatzsuche" verdeutlicht.

PADDELPARADIES

Die Geschichte (ausgelegt für mehrere Stunden)

Der örtliche Tourismusverband möchte sein Angebot um den Kanusport erweitern! Die Übernachtungszahlen der letzten Jahre sind rückläufig, das Image angekratzt und der Bürgermeister braucht ein neues Auto …

Untersuchungen der Forschungsgruppe „Tour-is-mus“ haben ergeben, dass das Gebiet über die notwendigen Infrastrukturangebote und die Naturressourcen verfügt.

Eine 12 Mann und Frau starke Gruppe von Wassersportexperten soll nun das vorliegende touristische Konzept für ein Kanuangebot testen. Von dem Gelingen und dem Urteil der Experten sind zukünftige Fördergelder abhängig.

Auflagen für die Wassersportexperten

- Die Gruppe findet einen Teamnamen und ein Motto.
- Die Sicherheit aller Teilnehmer ist das höchste Gut!

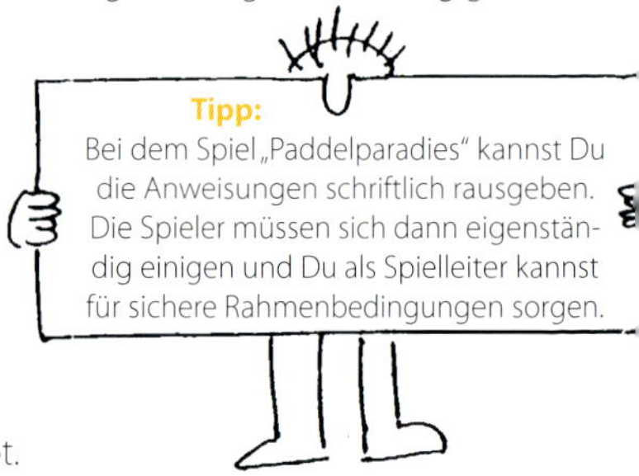

Tipp:
Bei dem Spiel „Paddelparadies“ kannst Du die Anweisungen schriftlich rausgeben. Die Spieler müssen sich dann eigenständig einigen und Du als Spielleiter kannst für sichere Rahmenbedingungen sorgen.

Das Konzept sieht folgende Rahmenbedingungen vor

- Jeder „Experte“ sitzt alleine im Boot.
- Die Boote sind nach den gültigen Sicherheitsstandards zu präparieren.
- Auf eine vollständige Ausrüstung im Team ist zu achten.
- Das Team ist gemeinsam unterwegs und erreicht die Checkpunkte mit maximal 3 Min. Zeitverzögerung zwischen erstem und letztem Paddler.

Start

Nach dem sicheren Einsteigen am definierten Startpunkt treffen sich alle „Experten“ an einer markierten Stelle. Von dort aus startet das Programm. Viel Spass!

1. Eventstrecke

Die Strecke zwischen den Bojen und dem nördlichen Brückenpfeiler ist nach folgendem System zurückzulegen:
Alle Boote bewegen sich langsam vorwärts. Das letzte Boot setzt sich nach

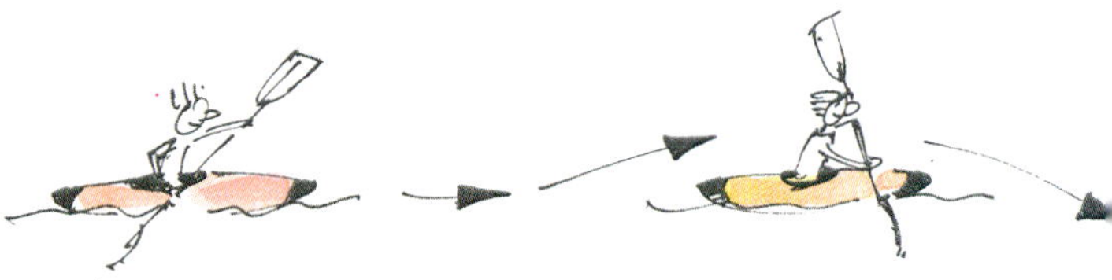

oben beschriebenem System an die Spitze der Gruppe. Ist dieses an der Spitze angelangt, setzt sich das nun letzte in Bewegung usw. Nach einem Durchgang kann die Gruppe den restlichen Weg nach selbstgewähltem System zurücklegen.

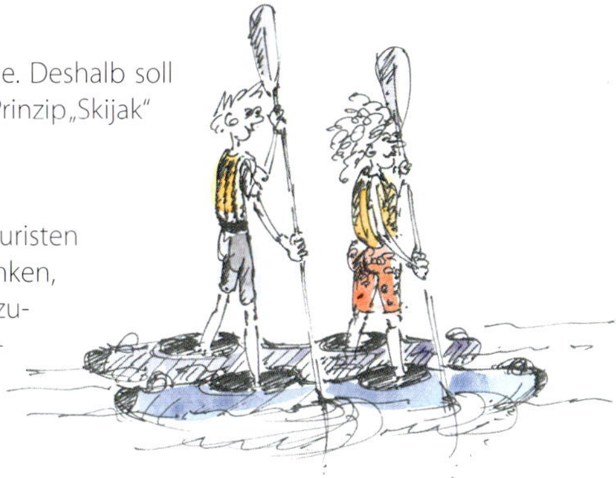

2. Eventstrecke

Langes Sitzen ermüdet die Beine. Deshalb soll die folgende Strecke nach dem Prinzip „Skijak" zurückgelegt werden.

3. Eventstrecke

Um die Aufmerksamkeit der Touristen auf die örtliche Vogelwelt zu lenken, ist die folgende Strecke blind zurückzulegen. Ein sehender Paddler dirigiert den „Blinden", damit dieser auf Strecke bleibt.

4. Eventstrecke

Um die ersten Touristen von der Faszination Kanusport zu überzeugen, soll nun ein Feldversuch starten. An der Uferpromenade sind mind. 3 vorbeischlendernde Menschen davon zu überzeugen, für einen kurzen Test in die Boote zu steigen.

5. Eventstrecke

Zur Übung der Bootsbeherrschung und zum Zwecke der Sicherheit ist die Übung „T-Rescue" (s. Seite 89) paarweise im Wechsel durchzuführen.

6. Eventstrecke

Der Tag neigt sich dem Ende und viele Teilnehmer sind müde. Für den bevorstehenden Rückweg lässt sich jeweils ein müder Teilnehmer von einem noch fitten im Schlepptau (mit der Bergeleine Heck mit Bug verbinden) ziehen. Ist dieser ausgeruht, wechseln die Rollen.

Nach dem Eintreffen am Ausgangspunkt der Tour ziehen die Experten ein Fazit.

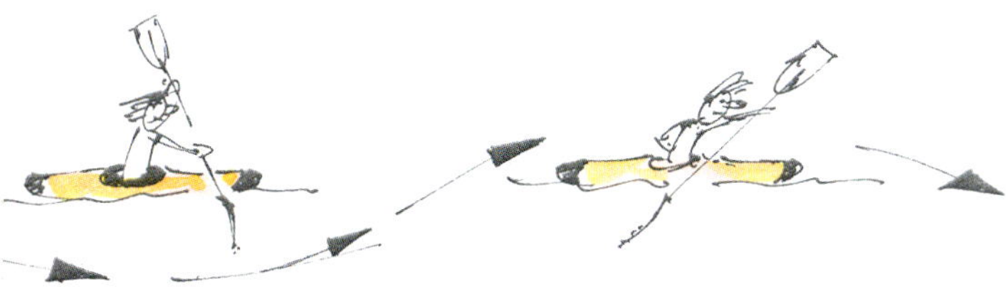

TEAMPARCOURS AUF DEM FLUSS

Zeit ½ - 1 Tag

Ein Team von Anfängern mit wenigen Vorkenntnissen erschließt sich gemeinsam einen Flussabschnitt. Aufgabe des Spielleiters ist es vor allem die Vorbereitungen zu treffen und die Sicherheit während der Aktion zu gewährleisten.

Können der Teilnehmer

Keine besonderen Kenntnisse nötig. Bei Fortgeschrittenen müssen die Geschichte und Aufgaben entsprechend angepasst werden.

Vorbereitung

Eine Flussbeschreibung (ggf. eine Flusskarte), Gutscheine und die Auflagen für das Team vorbereiten. Kurz vor der Aktion werden die Unterlagen auf der gegenüberliegenden Flussseite deponiert.

Flussbeschreibung (Amazonas Seitenarm)

Hier fügt Ihr die Beschreibung des Gewässers ein, auf dem Ihr das Spiel durchführt. Es sollte so genau sein, dass es möglich ist sich daran zu orientieren, wenn das Team gewissenhaft damit umgeht.

Gutscheine für

- 5 Minuten Auffrischung der Paddelgrundlagen für die gesamte Gruppe.
- Fünf Fragen der Gruppe an den Spielleiter, egal zu welchem Zeitpunkt.
- Eine Technikeinweisung in das Kurvenfahren auf dem Fluss.

Auflagen

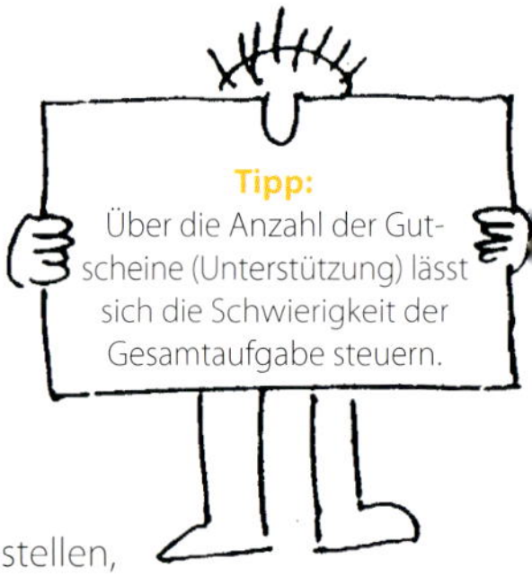

1. Die Befahrung muss für alle Teilnehmer sicher sein. Dies bedeutet, dass kein Boot kentern darf und kein Teilnehmer der Unternehmung über seine individuellen Möglichkeiten beansprucht wird.
2. Bevor die Teilnehmer der Unternehmung sich auf die Reise begeben, muss sichergestellt sein, dass jedes Boot geradeaus fahren und abbremsen kann.
3. Während der Reise ist in der Gruppe sicherzustellen, dass alle Boote untereinander Rufkontakt haben.
4. Während der Tour kann es zu unerwarteten Ereignissen kommen, welche Lösungen der Gruppe erfordern.
5. Nach der Vesperpause erwartet eine Sonderaufgabe (z.B. „Zahlencode“) die Unternehmung. Diese ist zum Gelingen der Tour äußerst wichtig. Sie wird dem Team an geeigneter Stelle überreicht.

Start der Aktion

Du kannst mit Deiner Moderation beginnen, wenn alle Teilnehmer umgezogen und startbereit sind.

Trainerfunktion klar machen

Trainer übernimmt Sicherheitsfunktion (Sicherheitsregeln einführen) und löst die Gutscheine nach Bedarf ein. Je nach Bedarf, Gruppe und Ziel werden Interventionen und Auswertungen gemacht.

Die Geschichte

Geschichten machen Teilnehmern häufig Spaß und erleichtern ihnen sich auf Situationen einzulassen. Die Geschichte muss natürlich an die Zielgruppe, das Alter, den Auftrag (z.B. Teamentwicklung) angepasst werden.

Vorschlag zur Geschichte

Das Team . . . hat als Belohnung für kollegiale und erfolgreiche Zusammenarbeit eine Schiffsreise auf dem Amazonas gewonnen. Nach dem Zusammenstoß mit einem Schwemmholz ist das Schiff gesunken. Das Team konnte sich in die Rettungsboote flüchten und in einem unbekannten Seitenarm des Amazonas das rettende Ufer erreichen. Bestürzung und Entsetzen steht den Teilnehmern ins Gesicht geschrieben . . .

Nach einem kurzen Schock besinnt sich das Team auf seine alten Stärken und ist bereit die Herausforderung anzunehmen.

Die erste Teamaufgabe

Das Team wird darauf hingewiesen, dass auf der gegenüberliegenden Flussseite wichtige Informationen zur Fortsetzung der Fahrt angeschwemmt wurden.
Es gilt diese zu bergen und zu befolgen. Um kein unnötiges Risiko einzugehen, dürfen max. 2 Personen auf dem Wasser sein.

Aktion

Jetzt überlasst Ihr das Team sich selbst und greift nur noch im Notfall ein. Sollte die Gruppe nicht recht in Bewegung kommen, so könnt Ihr ja mit kleinen Tipps und Hilfen zur Seite stehen.

Sonderaufgaben die nach der Vesper zu lösen sind

Die Moderation der Teilaufgaben müsst Ihr natürlich an die Geschichte anpassen.

Zahlencode

Ein altes geheimnisvolles Tor versperrt die Weiterfahrt am Fluss.
Nur wenn der Jüngste mit dem Ältesten usw. die Boote tauscht ohne anzulanden, öffnet sich das Tor und die Fahrt kann fortgeführt werden.

Hier ist Platz für so viele Aufgabenstellungen wie Ihr wollt
oder die Gruppe verkraftet . . .

SCHATZSUCHE

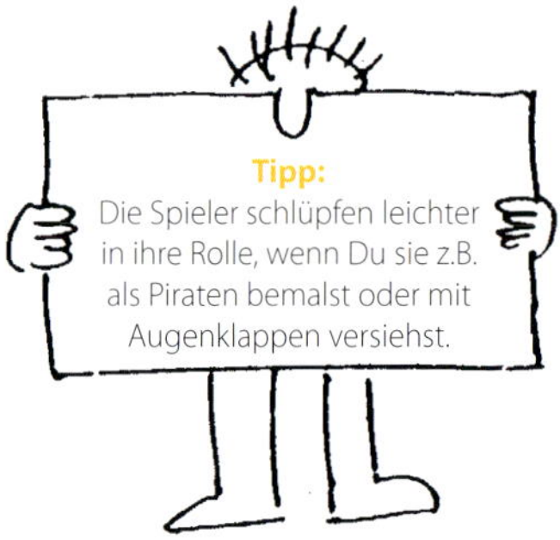

Material	Schatzkarte, Schatz, Blindtücher
Zeit	ca. 1-2 Stunden
Gewässer	See
Effekt	Technik, Kommunikation, Zusammenarbeit

Es gilt einen Schatz zu bergen, der vorher von Dir versteckt wurde (z.B. Schoko-Goldtaler). Wie auf jeder Schatzsuche, muss erstmal eine Schatzkarte aus verschiedenen Teilen zusammengesetzt werden. Die Schatzkarte kannst Du gleichzeitig als Beschreibung für die zu bestehenden Prüfungen und den zu findenden Weg verwenden. Für jüngere Kinder ist es aber spannender, wenn Du die einzelnen Aufgaben mit bedeutungsschwangerer Stimme und verklärtem Blick moderierst.

Die Geschichte

Auf einem Antiquitätenmarkt wurde Dir gestern ein Teil einer Schatzkarte zugesteckt. Die Skizzen deuten auf die Lage der weiteren Teilstücke der Karte hin. Eigentlich wolltest Du den Schatz alleine bergen. Der Unbekannte hat Dir aber gleichzeitig ein Mittel in die Augen gesprüht, welches Dich erblinden ließ. Da aber die letzte Aufgabe – den Schatz aus dem Versteck zu holen – nur ein Blinder tun kann, ist es notwendig, Dich auf dem Weg mitzunehmen. Außerdem hat der Unbekannte Dir noch Hinweise zu den einzelnen Aufgaben gegeben, welche Du erst an Ort und Stelle verraten kannst (somit schaffst Du die Legitimation dabei zu sein und kannst bei den einzelnen Aufgaben ggf. eingreifen oder eine Kontrollfunktion übernehmen, die Dir sonst nicht zusteht).

Eine mögliche Spielabfolge

Aufgabe 1

Drei Teile der Karte fehlen noch. Auf Teil 1 sind die Orte der weiteren Teilstücke vermerkt. Die Teilstücke müssen gleichzeitig aus dem Versteck gehoben werden. Im Umkreis von 10 Metern vor dem Versteck dürfen kein Ton und kein Wasserspritzer die Ruhe stören. Das jeweilige Teilstück ist sonst für die Gruppe verloren.

ZIEL – Gruppe muss Absprachen treffen, umsichtiges und vorsichtiges Paddeln und Aussteigen wird gefordert.

Jetzt ist die Schatzkarte zwar komplett, trotzdem ist es notwendig, alle Prüfungen zu erledigen bevor sich das Geheimnis lüftet. Der Schatz ist nämlich mit einem Zahlenschloss versehen und an jeder weiteren Station erhältst Du eine Zahl, die zusammengenommen den Zahlencode ergibt.

Aufgabe 2

Die nächste Teilstrecke (die Strecke sollte um ein paar Ecken und Hindernisse herum gehen) ist nur blind zurückzulegen. Nur einem Sehenden ist es gewährt die Augen offen zu lassen. An dem in der Karte eingezeichneten nächsten Punkt erwartet das Team die nächste Aufgabe.

ZIEL – Strategie entwickeln, Führung bestimmen, bewusst nach Gefühl paddeln.

Aufgabe 3

Ab sofort und bis zur nächsten Prüfung darf niemand sprechen. Dies gilt ab jetzt! Findet nun exakt den gleichen Weg zurück auf dem Ihr gekommen seid. Leider ist nun der Sehende von Aufgabe 2 für diese Teilstrecke blind.

ZIEL – Dem Führer aus Aufgabe 2 die Chance für blindes Paddeln geben. Körperliche Wahrnehmung in visuelle Strecke umsetzen.
Absprachen ohne Worte.

Aufgabe 4

Die nächste Teilstrecke ist so zurückzulegen, dass jedes Boot mindestens mit 2 anderen Booten (bei kleineren Kindern 1 Boot) Kontakt hat.

ZIEL – Lösungsstrategie überlegen, Bootsgefühl entwickeln.

Am Ziel angekommen, gilt es nun den Schatz von Dir bergen zu lassen. Sind die anderen rücksichtsvoll mit Dir umgegangen? Haben sie Dich liegen lassen? Wie haben sie die einzelnen Aufgaben erledigt? Frag die Spieler doch einfach und frag sie auch, ob sie sich den Schatz verdient haben. . . ? Na klar . . .!

OLD SCHOOL RODEO

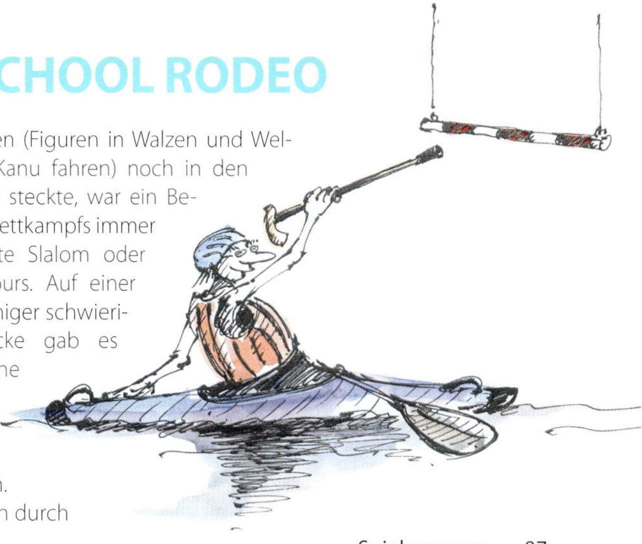

Als Rodeofahren (Figuren in Walzen und Wellen mit dem Kanu fahren) noch in den Kinderschuhen steckte, war ein Bestandteil des Wettkampfs immer der sogenannte Slalom oder Hindernisparcours. Auf einer mehr oder weniger schwierigen Flussstrecke gab es unterschiedliche Aufgaben von den Fahrern zu bewältigen. Paddel mussten durch

Ringe gesteckt, Hupen im Stehen betätigt oder Limbo-Tore unterfahren werden. Je nach Niveau und Zielsetzung waren die Strecken leichter oder schwieriger bestückt. Als „Gaudivariante" gab es dann den Teamparcours. Drei Personen, zufällig ausgewählt, mussten gemeinsam einen solchen Parcours bestehen und gemeinsam ankommen. Spaß, Spannung und Schwimmeinlagen waren garantiert.
Old School Rodeo ist eine Möglichkeit, schnell und ohne viel Aufwand mehrere Ziele gleichzeitig oder nacheinander zu erreichen.

Es eignet sich für alle Altersgruppen und für folgende Zielsetzungen

- Spaß haben.
- Üben unter Anspannung.
- Anforderungen erhöhen bei gleichzeitig leichtem Wildwasser.
- Konzentration und Aufmerksamkeit steigern.
- Erlerntes erproben können.
- Fähigkeiten schulen (z.B. Gleichgewicht).

Einige Anregungen für die Zusammenstellung eines Flussparcours

- Limbo-Tor (z.B. kleinen Ast über 2 Steine legen).
- Paddel über Hindernis werfen (Schnur oder Ast über dem Wasser).
- Auf einem schwierig zu erreichenden Stein aus- und wieder einsteigen.
- Mit Bootsspitze eine bestimmte Markierung erreichen und berühren (unterschneiden etc.).
- Eine Strecke über „Kehrwasserhopping" flussauf paddeln.
- Mit den Händen paddeln & eine Seilfähre fahren.
- Eine Glocke mit dem Paddel abschlagen (in der Strömung oder so hoch aufgehängt, dass man nur im Stehen rankommt).
- . . .

Deiner Phantasie sind keine Grenzen gesetzt. Der Parcours muss eben nur dem Können der Spieler angepasst sein. Denke bei der Gestaltung immer an die Sicherheit!

Vom Spielen zum spielerischen Bootfahren

Nein, – dies soll keine Anleitung zum Freestyle-Paddeln sein, hierfür gibt es Lehrbücher, Videos und Workshops. Besser können wir es auch nicht machen.
Vielmehr wollen wir Euch eine Idee geben, wie einfache Basisfiguren, z. B. das Unterschneiden oder ein Rocksplat, spielerisch vermittelt – oder zumindest spielerisch aufgepeppt – werden können.

Die Wassergewöhnung und der Spaß kommen dabei sicher nicht zu kurz.

Hinweis:
Auch wenn spielerisches Bootfahren durchaus mit Canadiern möglich ist und ein paar wenige der vorgestellten Übungen auch mit diesen Booten versucht werden können, richtet sich dieser Abschnitt des Buches in erster Linie an die Kajakpaddler.

Voraussetzungen

- Voraussetzung für den Einstieg ins Spielbootfahren ist ein geeignetes Boot und ruhiges Wasser.
- Bei geeigneten Booten (eigene Bootsgattung) sind das Gewicht des Fahrers und das Volumen des Bootes aufeinander abgestimmt. Kurze Boote mit flachem Heck eignen sich genauso für die ersten Versuche.
- Ein Spielboot ist nicht deshalb ein Spielboot, weil es so im Katalog steht. Viele Boote sind mittlerweile so breit und hoch, dass sie von leichten und schwächeren Personen nicht ausreichend aufgekantet werden können.
- Der Kontakt zwischen Boot und Paddler ist hier besonders wichtig! Schon mal versucht mit zu großen Skischuhen auf der Kante über eine Eisplatte zu fahren?
- Fang immer auf ruhigem und möglichst warmem Wasser an. Umkippen ist vorprogrammiert!

Grundlage für den Spaß = T-Rescue

Nicht jeder kann von Anfang an die Eskimorolle. T-Rescue ist ein System, welches unnötiges Aussteigen, Kraft- und Spaßverlust vermeidet und sollte deshalb immer am Anfang einer „Spielbootsequenz“ eingeführt werden. Erklärung siehe nächste Seite.

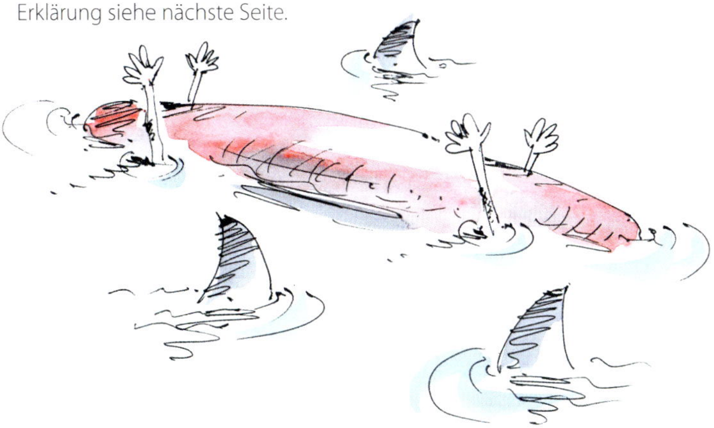

T-RESCUE

Zwei Personen sind immer füreinander verantwortlich. Während eine Person übt, hat die zweite stets ein Auge auf den Spieler und ist in dessen Nähe. Meistens ist nur ein Spieler vom Umfallen „bedroht". Der Gekenterte streckt zu jeder Seite des Bootes eine Hand nach oben und führt leichte Wischbewegungen (die Chance eines Treffers erhöht sich) aus. Er kann ja nicht genau sagen, von welcher Seite sich der Retter nähert. Bekommt er die Bootsspitze des Retters zu fassen, so richtet er sich an dieser wieder auf und die nächste Runde kann starten.

Grundformen der Bewegungen
Wer das Thema „spielerisches Bootfahren"
aufgreift, sollte folgende drei Grundlagen im Hinterkopf haben.

- Rotieren
- Unterschneiden, Eintauchen
- Gleiten

Folgende Spielformen greifen diese Muster auf:

EHEBETT

Zu zweit im Boot (oder allein im Kajak), ohne Paddel und ohne Wasserkontakt der Hände, versuchen die Paddler Bootsbewegungen auszuführen oder sich in eine bestimmte Richtung zu bewegen.
Du als Spielleiter kannst als Dirigent fungieren. Auf vereinbarte Zeichen hin werden die Boote in die jeweilige Richtung bewegt. Übe erst mal einzelne Richtungen, bevor Du Kombinationen dirigierst. Mögliche Bewegungen sind: vor- und rückwärts, Rechts- bzw. Linksdrehung, wedeln (hin- und herdrehen), wedeln mit leicht gekippter Tiefenachse (zur Seite gekantet), stampfen (Drehung um die Querachse).

ROTATOR

Die Paddler versuchen durch eine Oberkörperrotation, die sie plötzlich abstoppen und einem nachfolgenden, aktiven Nachdrehen der Beine das Boot um 360° zu drehen. Wer schafft die weiteste Drehung? Wie dreht sich das Boot am leichtesten? Gekantet, flach, mit Vor- oder Rücklage?

Variante: Aus voller Fahrt rotieren und anschließend versuchen, die neue Bewegungsrichtung beizubehalten.

LEBENDE RECKSTANGE

Drei Kajaks liegen parallel nebeneinander. Die beiden äußeren Paddler halten zwischen sich ein Paddel an den Paddelblättern auf Bauchhöhe fest. Der mittlere Paddler, das Paddel vor sich wie eine Reckstange, kann nun verschiedenste Varianten zum Drehen und Kippen des Bootes ausprobieren.

Variante: Alle drei Paddler bewegen ihr Boot parallel zueinander.

SCHRÄGLAGE

Das Boot möglichst weit auf eine Kante stellen und in dieser Position mit wechselseitigem Paddeln vorwärts oder rückwärts fahren.

Variante: Wettfahrt in dieser Position oder auch Kreiseln.

HAU DEN LUKAS

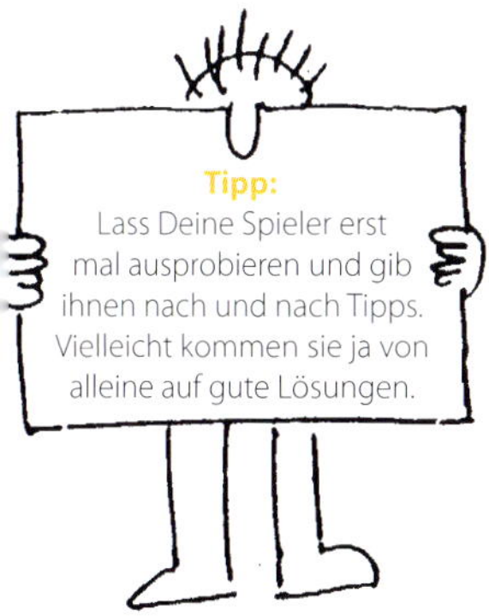

Luftballons oder imaginäre Ziele werden auf leicht über der Wasseroberfläche liegende Punkte (Steg, Stein, Pfosten usw.) gelegt. Jetzt wird versucht, mit dem Bug dieses Ziel zu zerschlagen oder ins Wasser zu schieben.

Varianten:

- Auf Heck / Bug des Partners schlagen.
- Als Wettkampf: Wer zerschlägt die meisten Luftballons?
- An einer Mauer: Wer setzt die höchste Markierung mit seiner Bootsspitze?

BOHRMASCHINE

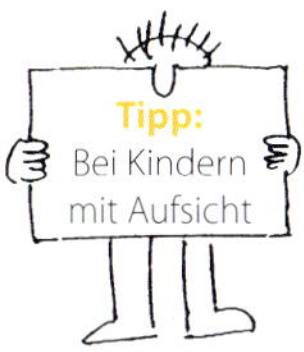

Ein oder zwei Spieler stellen den Bohrer (Kajakfahrer) senkrecht. Dies kann vom Beckenrand oder aus dem Wasser heraus geschehen (auf Wassertiefe achten).
Jetzt geben sie ihm Schwung, bringen sich selbst in Sicherheit und zählen die Umdrehungen. Der Paddler kann durch aktiven Einsatz der Hände oder des Paddels versuchen, die Anzahl der Umdrehungen zu erhöhen.

Kanu und Wasser in der Erlebnispädagogik

In diesem Kapitel überschreiten wir Grenzen. Wenn es bisher darum ging Spaß zu haben und / oder den Kanusport auf spielerische Art zu vermitteln, so verlassen wir diese Ebene hin zur Nutzung des Mediums Wasser und Kanu zur Erreichung anderer Ziele – z.B. der Entwicklung von sozialer Kompetenz oder einer planvollen Lösung komplexer Aufgabenstellungen im Team mit einer hohen Affinität zum alltäglichen Umfeld. Somit werden das Wasser und das Medium Boot zum Vehikel. Die Verkettung mehrerer Wissensbereiche ist hier gefragt. Wir wollen an dieser Stelle Mut machen zum Experimentieren – Kanulehrern Mut machen, sich in das Wissensgebiet der Erlebnispädagogik einzuarbeiten und Pädagogen Mut machen, sich dem Medium Kanu kreativ zu nähern.

In erlebnispädagogischen Settings sind Tandems-, bzw. größere Canadier (evtl. auch Tandemkajaks), oft die erste Wahl, da dadurch bestimmte Szenarien, Zielsetzungen, Erlebnischancen erst möglich werden.

Es sind der Rahmen und der Kontext, die einem „Spiel" seine Bedeutung und Richtung geben!

Fast jede Spielform, aus dem vorhergehenden Kapitel, lässt sich mit Kreativität und Gespür für die Gruppe auch im Sinne von Szenarien und erlebnispädagogischen Maßnahmen verwenden.
Wie und wo Ihr diese „Spielformen" einsetzt, überlassen wir Euch.

„Phantasie ist jene Kunst, die dem Gedanken Körper schafft."
Hans Lohberger

Den Rahmen gestalten

Ankommen
Gib den Teilnehmern genügend Zeit, sich auf die neue Atmosphäre und Rolle, die auf sie in der nächsten Zeit zukommen, einzustimmen.

„Einrollen"
Jedes „Szenario" verlangt von den Teilnehmern sich auf eine bestimmte Rolle einzulassen. Hierfür braucht es Sicherheit und Vertrauen in die Gruppe und die Leitung. Transparenz und Klarheit in der Moderation erleichtern dies.

„Ausrollen"

Rollen werden im Verlauf einer Aktion häufig sehr verinnerlicht. Nach einem „Szenario" ist es wichtig, wieder aus dieser Rolle herauszuschlüpfen. Nur dann ist es möglich aus der Adlerperspektive das Erlebte zu reflektieren.

Transfer

Wir nutzen bewusst das Umfeld „Outdoor", um Alltagsprozesse auf einer anderen Ebene erleben zu können. Der Transfer zurück in den Alltag fällt umso leichter, je realistischer Prozesse abgebildet wurden.

Anerkennung und Wertschätzung

Die Teilnehmer bringen viel Engagement und Energie ein. Anerkennung und eine wertschätzende Haltung schaffen den Nährboden für erfolgreiches Arbeiten.

Sicherheit

Innere und äußere Sicherheit muss gewährleistet sein. Risiken müssen mit den Teilnehmern abgestimmt werden.

Lernfeld Natur

Wir nutzen die Natur und sind dieser Respekt und behutsamen Umgang schuldig. Neben allgemeinen und fachsportlichen Aspekten sind vor allem lokale Ge- und Verbote zu beachten. Naturschutz ist auch Schutz der Anwohner und Anlieger! Nicht jede Aktivität ist an jedem Ort möglich!

Chancen und Themen in und um das Medium Kanu und Wasser

Welche Chancen bietet das Medium?

Ruhe, Macht, Fluss des Lebens, Spaß, Kraft, Frust, Besinnung, Ungewissheit, sich tragen lassen, Team, Überwindung, (Un-)Berechenbarkeit, abfahren, ankommen, Herausforderung, Natur, Vertrauen, Spiel, körperliche Grenzen, Timing, Dynamik, Hektik, Angst, sich führen lassen, Verletzbarkeit.

Welche Themen gibt es in der pädagogischen Arbeit?

Neuorientierung, Spaß, Verantwortung ablehnen, lernen – Angst vor Fehlern, Selbstbewusstsein stärken, Stressbewältigung, Strategien, ändern von Verhaltensmustern, Aggressionen lösen, eigene Grenzen überwinden, Grenzerfahrung, Gruppenverständnis, Konfliktlösung, Impulse geben, Misstrauen, die anderen sind schuld, profilieren vor anderen, Ängste abbauen, Kommunikation, Stärken suchen & finden, Verantwortung für sich annehmen usw.

Szenarien

Unter einem Szenario verstehen wir eine komplexe Aufgabenstellung, wo unterschiedliche Kompetenzen notwendig sind und die jeweiligen Teillösungen für das Gesamtergebnis wichtig sind.

BRÜCKENBAU

Mit Booten, Seilen und Karabinern ist eine Brücke über den Fluss (See) zu bauen. Je nach Zielsetzung, Material und Wassersituation kann es verschiedene Ansprüche an die Brücke geben. Dies kann z.B. sein: Stabilität, für alte Menschen begehbar, trocken, schnell demontierbar . . .

Die Aufgabe ist insgesamt eine sehr komplexe Angelegenheit, da Ankerpunkte, Strömungsgeschwindigkeit, Distanz der zu überbrückenden Strecke usw. beachtet werden müssen.

Tipps

- Team- und Wassererfahrung sollte vorhanden sein
- Planungs- & Testphasen einzelner Module sind sehr wichtig & hilfreich
- Umrahme die Aktivität mit einer Geschichte
- Expertenfragen (Fragen an einen externen Berater) einbauen
- Klarheit in der Moderation ist extrem wichtig
- Machbarkeit vorher selbst checken
- Viel Zeit einplanen

Sicherheit

- Wo Seile im Spiel sind, muss immer ein Messer griffbereit sein
- Bedenke auch, dass andere Flussbefahrer von oben kommen können

Variante: Am See auch als Landungssteg möglich.

PENDELFÄHRE

Bei der Pendelfähre ist nur ein Boot (mehrere Boote können zu einem Boot verbunden werden) im Einsatz. Dieses muss an einer Seilkonstruktion so befestigt werden, dass es möglich ist hin- und her zu pendeln, um so Passagiere von einem Flussufer zum anderen zu bringen.

Varianten und / oder Bedingungen:

- Die Fähre muss ohne / mit Paddel zu bedienen sein
- Die Fähre muss von beiden Seiten zu bedienen sein
- Die Fähre funktioniert nur unter Einsatz eines Fährmanns
- Die Fähre muss ohne fremde Hilfe von jedem Passagier eigenständig zu bedienen sein

FLOßBAU

. . . der Klassiker unter den erlebnispädagogischen Wasseraktivitäten und Teamentwicklungsmaßnahmen. Hier gilt es aus Brettern, Seilstücken und Luftreifen ein Floß zu bauen. Von dieser Grundidee ausgehend können die verschiedensten Varianten, welche das Thema der Gruppe spiegelt, aufgesetzt werden.
Alternativ könne Flöße auch aus Pappe, Paketband und Frischhaltefolie oder aus Luftballons die in Säcken und Netzten unter einer Holzkonstruktion befestigt sind, gebaut werden.

Varianten, Möglichkeiten, Bedingungen

Zwei oder mehrere Teams arbeiten unabhängig voneinander, kommunizieren nur über Mittelsmänner (auch über Walkie-Talkie denkbar) deren Gesprächszeit und / oder die Anzahl der Treffen begrenzt ist.
Je nach Ziel und Vorgabe müssen die Flöße z.B.

- baugleich sein
- über ihre Form koppelbar sein
- schnell sein (hier bietet sich die Variante Katamaran an)
- sicher sein
- Passagiere trocken transportieren
- kreativ sein
- symmetrisch / asymmetrisch sein

Ein Konzept für die Sicherheit, Kreativität etc. wird nach dem Bau von den Teams vorgestellt. Eine Jury bewertet die Flöße.

Sicherheit

Die Bretter haben gerundete Kanten und sind aufgrund einer Riffelung rutschfest. Sie sind ausreichend stark und brechen nicht. Die Schläuche haben einen Ventilschutz oder spezielle Wasserventile um Verletzungen zu vermeiden. Nach Fertigstellung dürfen keine Leinen herumhängen. Flöße auf Flüssen dürfen bei Steinberührung nicht auseinanderfallen.

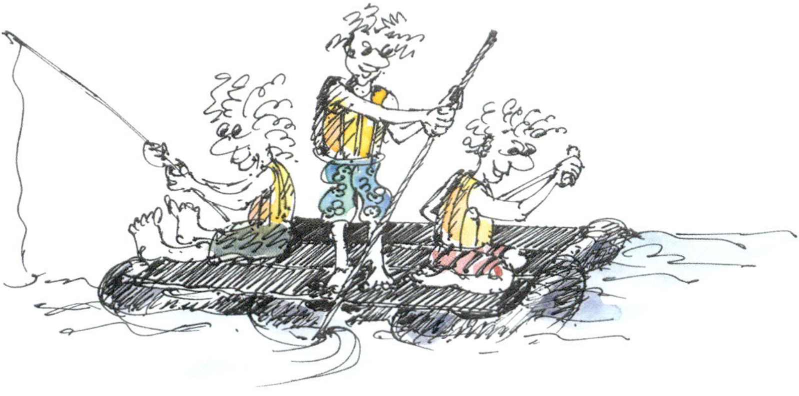

Anmerkung

Floßbau auf Fließgewässern bedarf einiges an Know-how, Können und Erfahrung. Einsteigern in dieses Thema empfehlen wir am See zu starten. Der Prozess für die Teamentwicklung ist identisch. Eine anschließende Befahrung eines Flussabschnitts ist natürlich spannender als die Überquerung eines Sees – aber auch das hat seine Reize und ist mit viel weniger Aufwand und Risiko verbunden.

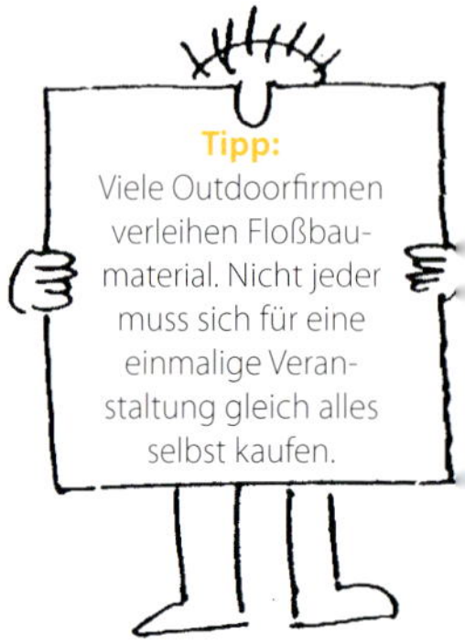

Ausrichtung / Themen

Floßbau, Brückenbau und Pendelfähre sind komplexe Prozesse. Vor allem geht es um Teamarbeit, Kommunikation, Planung von Ressourcen & Prozessen.

EXEMPLARISCHE FLOSSBAUAKTION

- Zielgruppe
- Unternehmen
- Situation
- Bereiche aus 2 Standorten werden räumlich, technisch und personell vernetzt.
- Zielsetzung
- Veränderungsprozess initiieren.
- Methode
- Projekt „Floßnix"

Voraussetzungen

Die gesamte Mannschaft ist für das Projekt Floßnix in 4 Gruppen aufgeteilt, die unter Umständen alle individuell unterschiedliche Vorerfahrungen, materielle Ressourcen und Randbedingungen aufweisen. Zu alledem sind die vier Gruppen räumlich getrennt und der Austausch unter den Gruppen lässt sich im „Alltag" aus naheliegenden Zeit- und Kostengründen nur über die eingerichteten „Standleitungen" der Funkgeräte bewerkstelligen.
Die an sie gestellte Aufgabe ist nun, je Gruppe ein Floß zu bauen, das einem einheitlichen Standard entspricht.

Anforderungen an den gemeinsamen Standard

- Optimierte Floßkonstruktion, die bei möglichst geringem materiellem Aufwand ein Höchstmaß an Stabilität und Tragkraft aufweist.
- Je Gruppe wird ein Floß nach dem gemeinsamen Standard gebaut. D.h., die vier Gruppen werden baugleiche Flöße herstellen.
- Der gemeinsame Standard soll auch einen hochgradig effizienten Prozess des gesamten Floßbaus beinhalten. Ein effektives Innovations-, Terminierungs-, Informations- und Logistikmanagement zwischen den Gruppen, bekannt unter dem Namen ITIL muss während der gesamten Bauzeit gewährleistet sein.
- Die Stabilität der Flöße muss gewährleisten, dass eine sichere Befahrung auf dem Flussabschnitt für mindestens 1 Std. möglich ist.

- Die Tragkraft der Flöße muss ausreichen, die Besatzung von max. 6 Personen vernünftig über mindestens 1 Std. stromab zu transportieren.
- Die fertigen Flöße müssen vor dem Einwassern vom „Floßbau-TÜV" (Trainer) abgenommen werden.
- Die Flöße müssen bis spätestens . . . Uhr fertiggestellt sein. Der Zeitplan kann, im Gegensatz zu anderen Großprojekten, nicht angepasst werden und ist damit einzuhalten!

Aus Aufwands- und Kostengründen ist für das gemeinsame Projekt Floßnix nur ein einziges Meeting am zentralen Meeting-Point genehmigt, bei dem Du für die Zeit von max. 5 Minuten mit max. 2 Personen pro Gruppe alles Notwendige austauschen und besprechen kannst. Die gesamte weitere Kommunikation / Austausch ist ausschließlich über die kostengünstigen „Standleitungen" der Funkgeräte möglich. Stimmt Euch daher unter den vier Gruppen vor dem Meeting gut ab und plant den notwendigen Austausch.

Beachte

- Aus Sicherheitsgründen müssen alle Personen auf den Flößen Schwimmwesten tragen.
- Die Neoprenanzüge schützen vor Kälte.
- Sicherheitsanweisungen der Trainer ist immer Folge zu leisten.

Wir wünschen viel Spaß und viel Erfolg

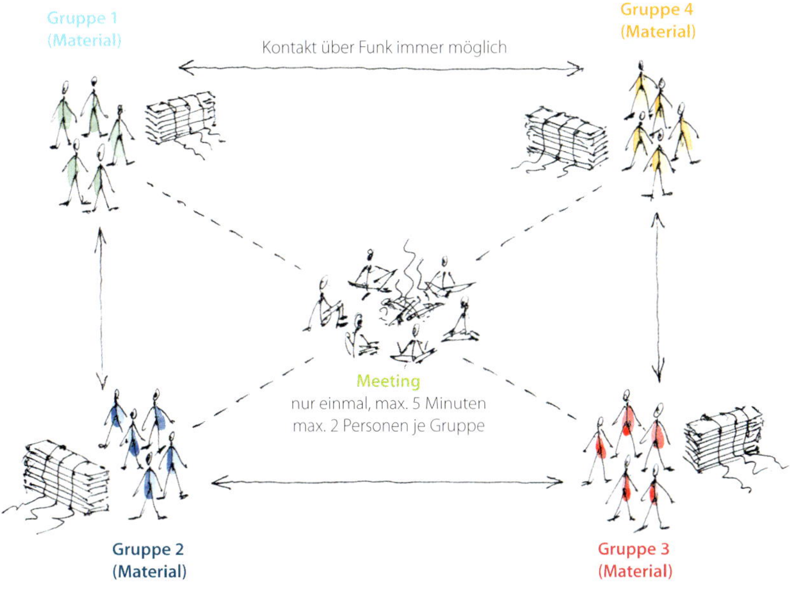

TEAM-RAFT

Dies ist eine Weiterführung der Floßbauaktivität oder eine ganz eigenständige Aktivität. Wir empfehlen, es als eigenständige Teamaufgabe anzubieten, da die Teilnehmer sonst überfordert sind.
Das Teamraft (Floß oder Raft) wird auf einem bestimmten Flussabschnitt vom Team eigenständig geführt und gelenkt. Je nach Intention Ausrichtung und Flussabschnitt könnt Ihr jetzt mit folgenden Ergänzungen spielen und / oder müsst sie als Rahmen vorgeben.

Infos

- Sicherheitsvorgaben, die einzuhalten sind, werden vorgegeben.
- Die Mannschaft entwickelt ein eigenständiges Sicherheitskonzept.
- Ein Testparcours muss vor Antritt der Fahrt bestanden werden.
- Tipps zum Steuern werden z.B. über Gutscheine angeboten.
- Team darf X Fragen an den Trainer stellen.
- Vor Antritt der Fahrt wird der Trainer über das weitere Vorgehen informiert.

Varianten

- Mehrere Rafts fahren gleichzeitig. Hier ist es interessant, ob eine Konkurrenzsituation entsteht oder ob es zu einer gegenseitigen Unterstützung kommt. Dies ist z.B. als Lernfeld für Fusionen, unterschiedliche Abteilungen oder Cliquenbildungen geeignet.
- Als Zusatzaufgabe muss das Raft einen Gegenstand, z.B. rohes Ei oder eine Person transportieren. Dies kann z.B. einen Geschäftskunden oder Partner darstellen. Wie wird mit ihm umgegangen?
- Schwierige Zeiten! Ein oder mehrere Teammitglieder verletzen sich an einem Arm und können diesen nicht mehr einsetzen.

Sicherheit Der Trainer begleitet das Raft mit Kajak oder Canadier.

Ausrichtung / Themen Absprachen im Team, Rollen, Führung, Umgang mit Stresssituationen (die wird es mit Sicherheit geben).

Ergänzungsmöglichkeiten für alle beschriebenen Teamaufgaben

„TÜV“ – Vor der Aktionsphase checkt der „TÜV“ (Trainer) die Anlage / Boot. Dies ist den Teilnehmern bekannt. Etwaige Mängel sind anschließend zu beseitigen, evtl. sind sie auch dankbarer Auswertungsstoff für Teamprozesse. Als Trainer hast Du so eine geschickt eingeflochtene Möglichkeit die Sicherheitsstandards, welche an die einzelnen Aktionen gebunden sind, zu überprüfen.

Materialeinkauf – Das Material für das Projekt muss von den Teams eingekauft werden. Den Teams ist das Ziel bekannt. Für den Einkauf haben sie eine bestimmte Menge an Geld zur Verfügung. Die einzelnen Materialien sind mit Preisen versehen. Natürlich gibt es auch überflüssiges und sinnloses Material zu kaufen. Vom Trainer ist hier gute Vorbereitung gefordert. Die Preise müssen stimmen! Um das Einkaufen noch spannender zu gestalten, gibt es z.B. einen Sichtungstermin für beide Teams. Anschließend wird getrennt und mit Zeitlimit eingekauft (Weltmärkte haben ja schließlich auch nicht alles zu jeder Zeit parat). Nach x Minuten kann nachgekauft werden – allerdings haben sich dann die Preise um x Prozent verteuert.
Zur Kommunikation zwischen den Teams können auch Funkgeräte eingekauft werden. Jede Funkminute kostet natürlich Geld.
Um das gesamte Projekt nicht zu gefährden, kann z.B. ein Gremium (bestehend aus den Trainern) eine nachträgliche Aufstockung der Geldmittel oder der Einkaufszeiten beschließen.

Ausrichtung / Themen – Umgang mit Ressourcen. Teamübergreifende Planung. Wie werden Entscheidungen getroffen? Planung.

Materialpool – Alles Baumaterial wird auf einem Haufen angeboten. Jetzt ist es an den Teams, wie sie damit umgehen. Wer braucht was und zu welchem Zeitpunkt? Teamübergreifende Planung wird notwendig.

Zeitlimit – Zeitlimits zwingen zum Handeln. Je nach Teamphase kann dies hilfreich oder hinderlich sein. Es kann zu konzentriertem Vorgehen oder zur Eskalation führen. Da Ihr Teams ja nicht für ihre Anstrengung bestrafen wollt, ist es geschickter, sich in der Aufgabenstellung noch einen Puffer offen zu halten.

Eine Rahmengeschichte – Eine Rahmengeschichte macht es den Teilnehmern einfacher, sich in eine Rolle einzufinden und gleichzeitig kann über diese Geschichte die Ausrichtung der Aktion gesteuert werden. (Harmonie versus Konkurrenzkampf, Einzelleistung versus Teamleistung, ...).

Zum Beispiel

- Ein Kunde möchte sich von der Qualität der Zusammenarbeit, dem Produkt etc. überzeugen.
- Ein Großauftrag steht vor der Tür ...
- Assessment-Center für Führungskräfte ...
- Jugendclub überzeugt Stadtverwaltung ...
- ...

Lernprojekte

Lernprojekte haben einen zeitlich kleineren Rahmen und sind weniger komplex als Szenarien.

MAGIC LOCK

Alle Einzelboote oder Flöße werden am See oder Fluss zusammengeholt. Jedes Boot hält sein Nachbarboot fest. Kein Boot verlässt bis zum Ende diese Position. Jetzt ist es die Aufgabe der Gruppe, sich nach einem bestimmten Kriterium neu zu sortieren, z.B. Geburtsdatum etc.

Ausrichtung / Themen Strategie, Kommunikation. Es ist auch eine schöne Möglichkeit die Teams nach dem Zufallsprinzip zu wechseln.

FUCHSJAGD

Auf einem begrenzten Spielfeld ist es die Aufgabe des Teams, den Fuchs (guter Paddler oder Trainer) zu fangen. Da die Jäger in der Regel die schlechteren Paddler sind, können sie nur mit einer guten Strategie erfolgreich sein. Gefangen ist der Fuchs, wenn er mit Paddel / Boot oder Hand / Boot oder Hand / Körper abgeschlagen wurde.

Ausrichtung / Themen Strategie entwickeln, Ressourcen planen

VERLETZTENTRANSPORT

Eine verletzte Person, dem Kreislaufkollaps nahe, muss so transportiert werden, dass jederzeit eine Herz-Lungen-Wiederbelebung erfolgen kann. Des Weiteren ist die Manövrierfähigkeit des Wassergefährts zu gewährleisten. Der Krankenwagen wartet schon an der nächsten Brücke / Ufer. Dort ist eine professionelle Hilfeleistung möglich. Eile ist geboten.

WOLF UND KOHL

Ein Schäfer, ein Kohlkopf, ein Schaf und ein Wolf gehen auf Reise. An einer Furt steht eine Fähre (2er-Canadier), die natürlich nur vom Schäfer bedient werden kann. Der Schäfer kann mit jeder Überfahrt aber nur eine zusätzliche Ladung transportieren. Nun ist es so, dass das Schaf natürlich den Kohlkopf frisst und der Wolf das Schaf, sobald eine dieser Paarungen alleine auf einer Uferseite ist. Wie lässt sich dies vermeiden? Ist die Lösung erst einmal gefunden, so ist die Durchführung dann natürlich nur noch Spaß.

ROHRBRUCH

Tipp:
Mach lieber etwas mehr, als zu wenig Löcher in das Rohr. Wenn die Gruppe kleiner ist, kannst Du immer noch einige mit Klebeband zukleben.

Material	ein ca. 1,5 Meter hohes, unten geschlossenes Kunststoffrohr (Durchmesser ca. 10 cm). Die Anzahl der Löcher auf die Gruppengröße abstimmen. Löcher müssen mit einem Finger verschließbar sein.
Zeit	15 Minuten
Effekt	mangelnde Abstimmung wird sofort mit nassen Klamotten „belohnt".

Ein Rohr mit geschlossenem Boden und vielen Löchern muss mit Wasser gefüllt werden, um einen am Boden des Rohrs liegenden und schwimmfähig verpackten Gegenstand (z.B. Belohnung, Autoschlüssel, Aufgabenbeschreibung für das nächste Szenario usw.) durch Auftrieb zu bergen. Das Wasser muss hierzu vom nahegelegenen Fluss mit kleinen Bechern oder den Helmen herantransportiert werden und in das Rohr geschüttet werden. Über die Anzahl der Löcher im Rohr, wo das Wasser wieder hinausfließen kann, wird die Schwierigkeit definiert. Denk daran, es ist auch möglich mit den Zehen, Knien usw. ein Loch abzudecken. Die Löcher im Rohr sind so groß, dass sie mit einem Finger zu verschließen sind.

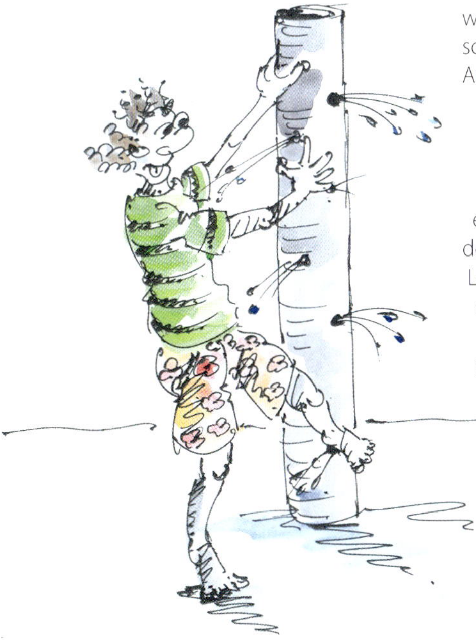

FLUSSQUERUNG

Das Team hat die Aufgabe, gemeinsam den Fluss nur zu Fuß zu queren. Der Bereich, wo dies zu geschehen hat, ist vorgegeben. Alle Teammitglieder müssen wohlbehalten und innerhalb dieses Bereiches ankommen. Als Hilfsmittel sind nur die Paddel und gegenseitige Unterstützung erlaubt.

Voraussetzungen

Du kennst die Stelle und bist Dir sicher, dass es auch funktioniert. Der Bereich muss so gewählt sein, dass Schwimmen als Lösung nicht oder nicht für alle Teilnehmer möglich ist.

Ausrichtung / Themen

Da die Situation normalerweise niemand einschätzen kann, ist eine Phase mit Versuch und Irrtum manchmal der richtige Weg. Wer setzt welche Idee wie durch? Wie wird mit Ideen verfahren? Ist ein Scheitern zugelassen?
Das sind Fragestellungen, die hier oftmals als Thema aufkommen. Auch wenn diese Übung objektiv sehr ungefährlich ist, ist der Umgang mit Angst vereinzelt Thema.

Varianten

- Als persönliche Herausforderung einzeln ausprobieren.
- Mit Stock oder Paddel als Stütze, paarweise queren.
- In Kleingruppen queren.
- Die verschiedenen Varianten machen es möglich Einzelleistungen versus Teamleistung, Kleinteam versus Großteam zu thematisieren.

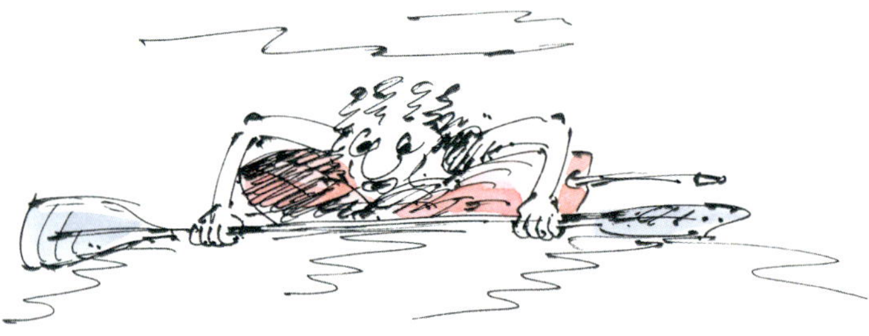

Persönliche (Grenz-) Erfahrungen

Die Dynamik des Wassers hat viele Parallelen mit der Dynamik des Lebens. Du kannst sie verweigern oder annehmen, kämpfen oder spielen – dem Wasser ist das egal. Es bietet jedem, der sich darauf einlässt, die Chance, sich mit diesen Gegensätzen auseinanderzusetzen. Auch wenn der Fluss nicht Dein bester Freund wird, Partner kann er Dir sein.

WURFSACKPENDEL

Du gibst den Teilnehmern eine Unterweisung im Wurfsackwerfen und darin, wie sich ein Schwimmer in der Strömung verhält, wie er das Seil bei einer Wurfsackrettung greift und wie der Retter agiert.
Mit diesem Basiswissen kannst Du verschiedene Erfahrungsfelder anbieten.

Retten aus der Strömung

Jeder nimmt die Rolle ein in der er sich wohl fühlt und lässt sich von den anderen inspirieren Neues auszuprobieren.

Themen

- Auf Neues einlassen und trotzdem die eigenen Bedürfnisse abwägen.
- Komfortzone verlassen.

Rollentausch

Du stellst nach der Einführung die Frage:
„Wer traut sich zu, seinen Partner aus der Strömung zu ziehen und wer möchte sich retten lassen?" Bitte findet entsprechende Paarungen!

Themen

- Innere Abwägung von persönlichen Chancen und Risiken.
- Bewusstes Wählen von Vertrauenspersonen.

Lass die Paarungen physisch zusammenstehen und gib ihnen kurz Zeit sich auszutauschen. Jetzt kannst Du den Paarungen anbieten die Rollen zu tauschen. Der Schwimmer soll retten, der Retter soll schwimmen, – sie haben ja einen Experten für die neue Herausforderung an ihrer Seite.

Themen

- Komfortzone endgültig verlassen.
- Mit neuen, überraschenden Herausforderungen umgehen.
- Vertrauen auf externe Erfahrungen.
- Selbstvertrauen / Fremdvertrauen.

Wenn die Paarungen bereit sind, können sie die Aktion durchführen, tauschen sich anschließend aus und wechseln in die Rolle die sie von Anfang an gerne eingenommen hätten. Für eine anschließende Auswertung und einen Transfer hast Du jetzt guten Stoff!

WW-SCHWIMMEN

Kaum ein Mensch ist es heute noch gewohnt, in einem Fluss zu schwimmen. Plötzlich von einer Strömung getragen zu werden, ist sehr ungewohnt. Es weckt bei vielen Menschen intensive Gefühle und berührt uns auf einer tieferen Ebene. Den Anfänger anders als den Erfahrenen. Wähle das Gewässer so, dass es tief genug und frei von Hindernissen ist. Warmes und sauberes Wasser schafft einen Rahmen in dem sich Teilnehmer leichter auf sich selbst konzentrieren können. Da unsere Flüsse meist kalt sind, ist ein guter Kälteschutz (Neopren) hilfreich.

Varianten / Hilfen

- WW-Schwimmen kann allein, zu zweit, oder in der Gruppe stattfinden. Die Teilnehmer halten dann an den Händen oder der Schwimmweste Kontakt.
- Ein aufgeblasener Reifen oder Schlauch nimmt zwar das Gefühl direkt vom Medium umschlossen zu sein, gibt aber trotzdem das Gefühl getragen zu werden, dahinzugleiten.

Ausrichtung / Themen

Sich treiben lassen, Halt und Unterstützung finden, Abgabe von Kontrolle, genießen. Schwimmen im Wildwasser ist eine sehr offene Erfahrung, die entweder durch eine entsprechende Moderation in einen Rahmen gebracht wird oder einfach als eigene Erfahrung stehen bleiben darf.

Kombinationen

Fachsportlich lassen sich viele der oben beschriebenen Lernprojekte und Szenarien kombinieren. Vergiss dabei nicht den größeren Rahmen Natur, der ja immer seine Wirkung zeigt. Finde sinnvolle Kombinationen, ergründe die Ziele, welche Du damit anstrebst, und vertraue auf die Intuition und die Eigendynamik des Mediums.

Projekte

Projekte erstrecken sich immer über einen längeren Zeitraum und haben viele Dimensionen. Es ist an Dir, mit Deiner Erfahrung, Engagement und vielleicht mit Hilfe dieser Anregungen ein Projekt für Deine Zielgruppe zu gestalten.

DIE TOUR

Eine Kanutour über mehrere Tage muss gut vorbereitet sein. Dein Teil als Trainer ist es, den Rahmen zu gestalten, als Coach zu fungieren, den pädagogischen Prozess zu leiten und die Sicherheit zu garantieren. Dann ist es den Teilnehmern möglich sich auf folgende Punkte zu konzentrieren:

- Fertigkeiten und Fähigkeiten im Boot entwickeln.
- Mit sich selbst und der Gruppe in Berührung kommen.
- Material und Ausrüstung planen und kennenlernen.
- Lagerleben und Übernachtung gestalten.
- Tourenplanung vornehmen.
- Einkauf und Verpflegung koordinieren.

Viel Spaß auf Tour!

Langzeitpädagogische Maßnahmen

... der Traum eines jeden Trainers. Aus pädagogischer Sicht wertvoll, aus finanzieller und organisatorischer Sicht schwierig. Trotzdem möchten wir Euch gewinnen, in diese Richtung zu denken!
Der große Unterschied zu einer Tour, wie oben beschrieben, liegt in der Zeitspanne, die sich über ein Jahr erstrecken kann und dem Ziel, das ein viel anspruchsvolleres sein sollte (z.B. 14 Tage auf einem Wildfluss in Schweden). Systemisch sind dadurch viel mehr Komponenten von Bedeutung (finden das die Freunde cool? Die Eltern sind von der Sicherheit zu überzeugen, manche steigen aus dem Projekt wieder aus usw.). Phasen wie Frust und Resignation werden durchlaufen. Momente wie Freude und Stolz intensiv erlebt. Wenn über Nachhaltigkeit in der Pädagogik gesprochen wird, so ist eine Langzeitmaßnahme sicher eine der intensivsten Möglichkeiten dies umzusetzen.

Mögliche Bausteine eines Kanuprojekts

Projektvorstellung

Eine Art Werbung für das Projekt. Es soll die Neugier wecken und Lust machen dabei zu sein.

Zeit: ½ Tag

Zielgruppe: Institution, Auftraggeber

Auftaktveranstaltung

Interessierte bekommen die Gelegenheit das Medium, potentielle Teilnehmer und Dich als Trainer kennenzulernen.

Zeit: 1-2 Tage

Zielgruppe: Interessierte

Infoveranstaltung & Anmeldung

Unklarheiten können ausgeräumt werden. Ein Vertrag wird zwischen den Teilnehmern und den Veranstaltern geschlossen. Die Teilnehmer schließen untereinander ein Abkommen, dieses Projekt in schlechten wie in guten Zeiten mit all ihren Möglichkeiten zu unterstützen und abzuschließen.

Zeit: ½ Tag

Zielgruppe: Teilnehmer des Kennenlernworkshops und Erziehungsberechtigte.

Workshop Hard Skill

Hier werden die grundlegenden Bausteine für alle technischen und motorischen Fertigkeiten gelegt.
Die Teilnehmer können sich erstmals über einen längeren Zeitraum beschnuppern.

Zeit: 5-7 Tage

Zielgruppe: Teilnehmer

Trainingsgruppen (ohne Trainer)

Jeder Teilnehmer bekommt entsprechend des Workshops Hard Skill „Hausaufgaben". In der Regel wird dies ein Vertiefen und Ausbauen der erlernten Fertigkeiten sein.

Zeit: bis zum nächsten Workshop

Zielgruppe: Teilnehmer

Workshop Soft Skill

Hier werden die grundlegenden Bausteine für den Umgang mit sich selbst und den anderen gelegt. Dies geschieht natürlich in Verbindung mit dem Element Wasser und Boot. Gleichzeitig sind dies eine Auffrischung und ein Check des Paddelkönnens und der gesamten Lagergestaltung.

Zeit: 3-5 Tage

Zielgruppe: Teilnehmer

Projektplanung für den Testlauf (ohne Trainer)

Die Teilnehmer bereiten den Testlauf vor.

Testlauf

Eine dem Charakter des Zielprojektes ähnliche Tour wird durchgeführt und von den Teilnehmern weitgehend selbst gesteuert.

Zeit: 3-4 Tage

Projekt

Durchführung des Projektes.

Nachfolgetreffen

Hier findet eine Gesamtauswertung statt. Was hat sich bei mir verändert, was im Team,
was in meinem Umfeld ...

Zeit: 1 Tag

Zielgruppe: Teilnehmer

Präsentation

Hier wird das Projekt in irgendeiner Form (Film, digitale Bildpräsentation, Foto-Dokumentation, szenisches Rollenspiel, multimediale Präsentation, etc.) einem breiten Publikum vorgestellt.

Telefonseelsorge

Während der gesamten Projektphase gibt es ein „rotes Telefon". Die von dem Projekt betroffenen Personen haben einen kompetenten Ansprechpartner.

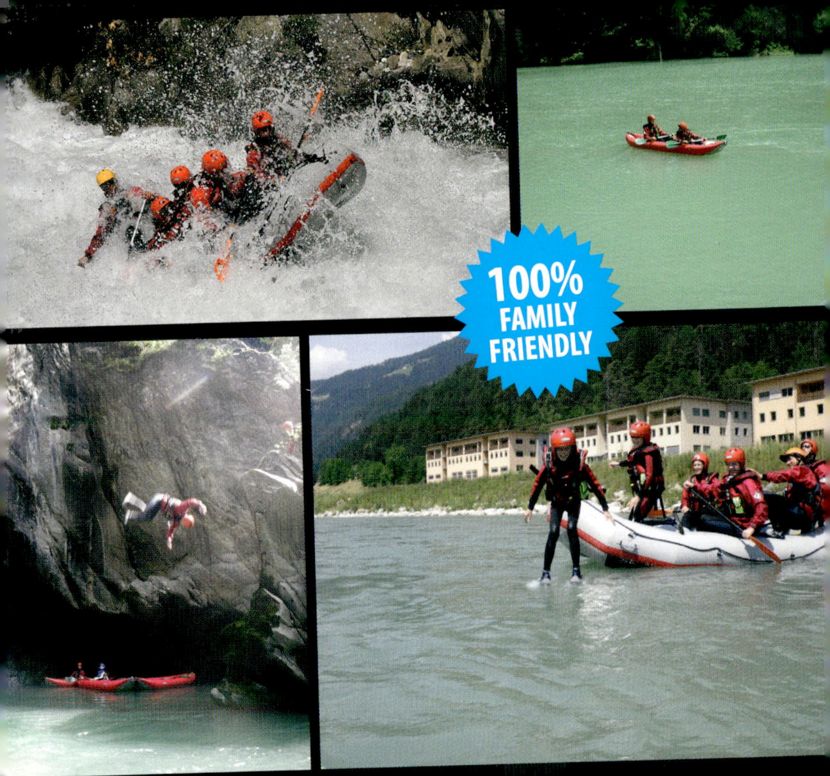
100%
FAMILY
FRIENDLY

Quellenverzeichnis

1. **„Spiel, Spaß und Verstehen, 72 Naturerfahrungsspiele“,** *Anke Hollerbach*, DAV e.V. Referat für Natur- und Umweltschutz und Jugend des DAV, München April 1997, nicht im Verlagsbuchhandel
2. **„Praktische Erlebnispädagogik, Neue Sammlung motivierender Interaktionsspiele“,** *Annette Reiners*, 4. Auflage 1997, Verlag Sandmann, ISBN 3-929221-06-3
3. **„Canoe Games“,** *Dave Ruse,* 2nd edition 1994, A & C Black, ISBN 978-0-7136-4038-0
4. **„Floßnix“ Trainingsunterlagen zur Personalentwicklung in Firmen,** *Klaus Kunigham,* unveröffentlicht.

Literaturtipps

Praktische Erlebnispädagogik Band 1: Bewährte Sammlung motivierender Interaktionsspiele, *Annette Reiners,* 9. Auflage 2013, ***ZIEL Verlag***

Praktische Erlebnispädagogik Band 2: Neue Sammlung handlungsorientierter Übungen für Seminar und Training, *Annette Reiners*, 2. Auflage 2007, ***ZIEL Verlag***

On-line: Spiele und Abenteuer mit dem Seil, *Wilfried Dewald & Christian Häussler*, 2. Auflage 2006, ***ZIEL Verlag***

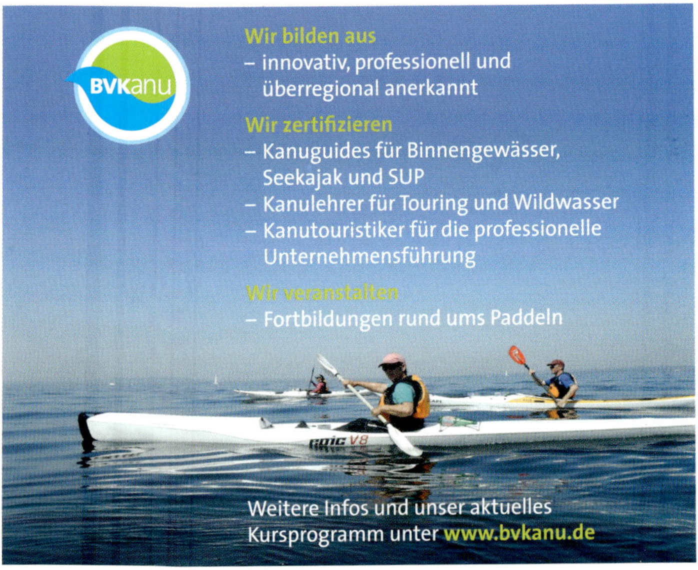